U0649826

危险货物道路运输安全管理手册丛书

危险货物道路运输安全管理手册

车辆管理篇

严　季　晏远春◎主　编

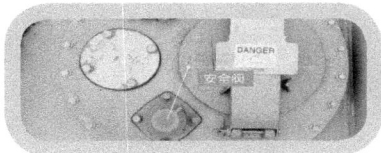

人民交通出版社股份有限公司
China Communications Press Co.,Ltd.

内 容 提 要

本书为危险货物道路运输安全管理手册丛书之一,内容包括道路运输车辆基础知识和技术管理知识、危险货物道路运输车辆使用管理、技术条件和安全监督管理等内容。

本书可供我国危险货物道路运输相关管理人员、科学研究人员和企业从业人员学习使用。

图书在版编目(CIP)数据

危险货物道路运输安全管理手册. 车辆管理篇 / 严季,晏远春主编. — 北京 : 人民交通出版社股份有限公司,2019.10

ISBN 978-7-114-15233-7

Ⅰ.①危… Ⅱ.①严…②晏… Ⅲ.①公路运输—危险货物运输—交通运输安全—标准—汇编—中国 Ⅳ.①D922.145②U492.8-65

中国版本图书馆 CIP 数据核字(2019)第 204651 号

Weixian Huowu Daolu Yunshu Anquan Guanli Shouce(Cheliang Guanli Pian)

书　名:	危险货物道路运输安全管理手册(车辆管理篇)
著 作 者:	严　季　晏远春
责任编辑:	董　倩　王金霞
责任校对:	张　贺
责任印制:	张　凯
出版发行:	人民交通出版社股份有限公司
地　　址:	(100011)北京市朝阳区安定门外外馆斜街 3 号
网　　址:	http://www.ccpress.com.cn
销售电话:	(010)59757973
总 经 销:	人民交通出版社股份有限公司发行部
经　　销:	各地新华书店
印　　刷:	北京虎彩文化传播有限公司
开　　本:	787×1092　1/16
印　　张:	9.75
字　　数:	207 千
版　　次:	2019 年 10 月　第 1 版
印　　次:	2019 年 10 月　第 1 次印刷
书　　号:	ISBN 978-7-114-15233-7
定　　价:	48.00 元

(有印刷、装订质量问题的图书由本公司负责调换)

　　《中华人民共和国安全生产法》第三十六条要求,生产经营单位运输危险物品,必须执行有关法律、法规和国家标准或者行业标准,建立专门的安全管理制度,采取可靠的安全措施,接受有关主管部门依法实施的监督管理;第二十四条要求,生产经营单位的主要负责人和安全生产管理人员必须具备与本单位所从事的生产经营活动相应的安全生产知识和管理能力。

　　从事危险货物道路运输安全管理工作的人员,不仅要依法学习有关法律、行政法规、部门规章和国家标准、行业标准,还要熟悉危险货物的概念、分类、特性以及危险货物道路运输管理、从业人员管理、车辆管理、风险管理、隐患排查等专业知识。危险货物道路运输不仅政策性强,而且专业性强,要求危险货物道路运输管理人员必须加强法规、标准和专业知识的学习。

　　为进一步贯彻《中华人民共和国安全生产法》的有关要求,落实企业主体责任,切实提高危险货物道路运输企业管理水平,改变企业安全管理"工作喊口号、制度挂墙上、工作无抓手"的现状,编者根据危险货物道路运输企业的要求和实际情况,编写了更具有操作性、更具体和更细化的安全管理丛书,以指导危险货物道路运输企业开展安全管理工作。

　　危险货物道路运输安全管理手册丛书包括以下图书:

　　(1)危险货物道路运输安全管理手册(法规篇);

　　(2)危险货物道路运输安全管理手册(标准篇);

　　(3)危险货物道路运输安全管理手册(危险货物和危险化学品篇);

　　(4)危险货物道路运输安全管理手册(风险管理和隐患排查篇);

　　(5)危险货物道路运输安全管理手册(车辆管理篇);

　　(6)危险货物道路运输安全管理手册(运输管理篇);

　　(7)危险货物道路运输安全管理手册(典型案例篇);

　　(8)危险货物道路运输安全管理手册(知识问答篇);

（9）危险货物品名表及安全卡实用大全。

本书重点介绍了道路运输车辆基础知识和技术管理知识，危险货物道路运输车辆使用管理、技术条件和安全监督管理等内容。

本书由严季、晏远春担任主编，李小楠、常连玉、秦树甲担任副主编。参编人员有杨开贵、沈民、侯殿旗、田洪庆、徐刚、徐永建、辛旭辉、张浩、刘忠礼、陈晖、刘林烨、郭旻、孔方桂、胡海平、沈小燕、张玉玲。

鸣谢浙江路优优科技有限公司，提供了附录"专业车辆预警与提示技术"。

由于作者水平有限，书中难免有不妥之处，敬请有关专家、学者和从事危险货物道路运输管理工作的人员批评指正，以便修订完善。

编 者
2019 年 7 月

目录 CONTENTS

第一章　道路运输车辆基础知识

本章主要介绍车辆的基础知识、产品质量管理及道路运输车辆的使用管理规定等内容。

第一节　车辆基础知识

本节主要介绍与货运相关的汽车术语、车辆使用性质以及车辆类型等基础知识。

一、车辆和挂车的定义

(一)汽车

汽车是由动力驱动,具有四个或四个以上车轮的非轨道承载的车辆,主要用于载运人员和/或货物、牵引载运人员和/或货物,以及其他特殊用途的车辆。《汽车和挂车类型的术语和定义》(GB/T 3730.1—2001)中给出了各类车辆的概念。

商用车辆,是指在设计和技术特性上用于运送人员和货物的汽车,并且可以牵引挂车。

商用车辆有:客车(小型客车、城市客车、长途客车、旅游客车、铰接客车、无轨电车、越野客车、专用客车),半挂牵引车,货车(普通货车、多用途货车、全挂牵引车、越野货车、专用作业车、专用货车)。

1. 半挂牵引车

装备有特殊装置用于牵引半挂车的商用车(图1-1)。道路运输业内直接称为"牵引车"。

图 1-1　半挂牵引车

2. 货车

为载运货物而设计和装备的商用车辆,可牵引挂车。

(1)普通货车,是指在敞开(平板式)或封闭(厢式)载货空间内载运货物的货车(图1-2)。

图 1-2　平板式货车、厢式货车

1

（2）全挂牵引车,是指牵引牵引杆挂车的货车(图1-3)。本身可在附属的载运平台上运载货物。全挂牵引车是针对货运而言的,在道路运输业内很少使用此名词。

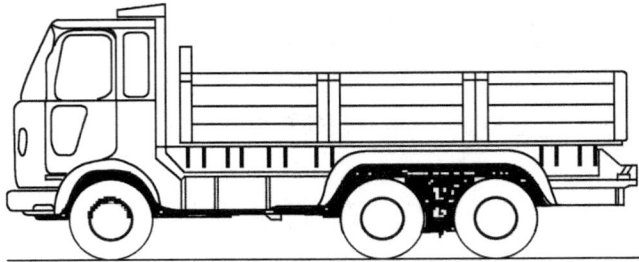

图1-3　全挂牵引车

（3）专用作业车,是指在其设计和技术特性上用于特殊工作的货车。如消防车、救险车、垃圾车、应急车、街道清洗车、扫雪车、清洁车等。

（4）专用货车,是指在其设计和技术特性上用于运输特殊物品的货车。如罐式车、集装箱运输车、乘用车运输车等(图1-4)。

a)罐车、集装箱运输车

b)乘用车运输车(商品车运输车)

图1-4　专用货车

(二)挂车

挂车,是指就其设计和技术特性需由汽车牵引,才能正常使用的一种无动力的道路车辆,用于载运人员和/或货物,以及其他特殊用途。

1.牵引杆挂车

至少有两根轴的挂车,具有如下特点:①一轴可转向;②通过角向移动的牵引杆与牵引车联结;③牵引杆可垂直移动,联结到底盘上,因此,不能承受任何垂直力。

牵引杆挂车有:客车挂车、牵引杆货车挂车、通用牵引杆挂车、专用牵引杆挂车。由此可知,牵引杆挂车涉及客车、货车以及具有隐藏支地架的半挂车。

牵引杆货车挂车,是指在其设计和技术特性上用于载运货物的牵引杆挂车(图1-5)。在道路运输业内也称"全挂挂车"。

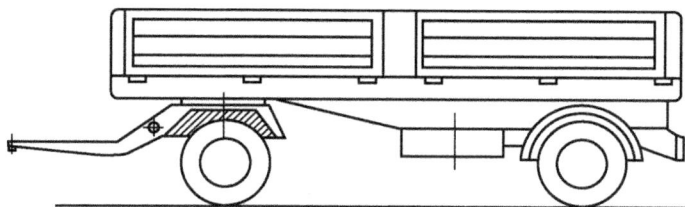

图 1-5 牵引杆货车挂车

2.半挂车

半挂车,是指车轴置于车辆重心(当车辆均匀受载时)后面,并且装有可将水平或垂直力传递到牵引车的联结装置的挂车。

半挂车有:客车半挂车、通用货车半挂车、专用半挂车、旅居半挂车。

通用货车半挂车,是指一种在敞开(平板式)或封闭(厢式)载货空间内载运货物的半挂车(图1-6)。在道路运输业内也称"半挂车"。

图 1-6 半挂车

3.中置轴挂车

中置轴挂车,是指牵引装置不能垂直移动(相对于挂车),车轴紧靠车辆重心(当均匀载荷时)的挂车,这种车辆只有较小的垂直静载荷作用于牵引车,不超过相当于挂车最大质量的 10% 或 1000N 的载荷(两者取较小者)。其中一轴或多轴可由牵引车来驱动。

中置轴车辆运输挂车,是指具有单层或多层货台,用于装载运输车辆的专用挂车。

中置轴挂车列车,是指由货车和中置轴挂车组成,具有单层或多层货台,用于装载运输车辆的汽车列车,如中置轴汽车列车[(图1-7a)]。

a)中置轴车辆运输挂车

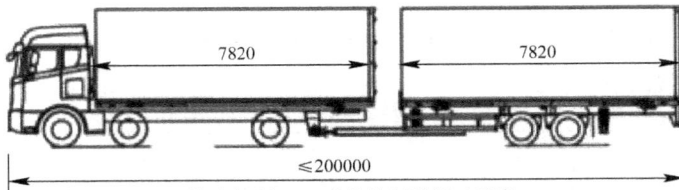

货厢为两个7.82m箱体的中置轴汽车列车

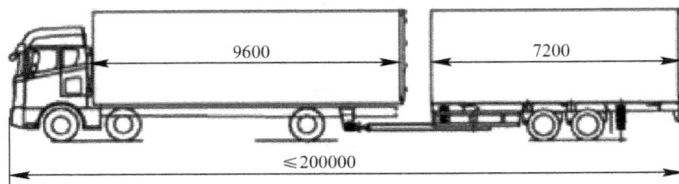

货厢为9.6m和7.2m箱体的中置轴汽车列车

b)模块化中置轴汽车列车

图1-7　中置轴挂车(尺寸单位：mm)

知识链接

《关于开展模块化中置轴汽车列车示范运行工作的通知》

交通运输部办公厅于2018年4月17日下发了《关于开展模块化中置轴汽车列车示范运行工作的通知》（交办运〔2018〕46号，以下简称《通知》）。《通知》指出，当前我国货运车辆结构类型庞杂，标准化程度较低，与其他载运工具、站场设施等缺乏统筹衔接，制约了甩挂运输、多式联运等先进运输方式发展，影响了物流的机械化和自动化运作，降低了物流整体效率。模块化中置轴汽车列车[图1-7b)]是由牵引货车和中置轴挂车组成，运载两个标准单元的汽车列车，具有高效、经济、灵活等优点，在欧美国家货运物流行业得到普遍使用。

开展模块化中置轴汽车列车示范运行工作，引导行业规范使用中置轴汽车列车，逐步替换非标准化道路货运车辆，构建以标准载货单元为核心的货运车辆标准化体系，提升货运车型标准化水平，有利于促进先进物流模式和物流装备的推广应用，强化物流各环节、各要素的衔接匹配，推动甩挂运输、多式联运等运输组织方式的发展，对于降低全社会物流成本，支撑经济提质增效升级，促进道路货运行业安全、高效、绿色发展具有重要意义。

(三)汽车列车

汽车列车，是指一辆汽车与一辆或多辆挂车的组合。

汽车列车有：乘用车列车、客车列车、货车列车、牵引杆挂车列车、铰接列车、双挂列车、双半挂列车、平板列车。

（1）货车列车,是指一辆货车与一辆或多辆挂车的组合。

（2）牵引杆挂车列车（图1-8）,一辆全挂牵引车与一辆或多辆挂车的组合。

图1-8 牵引杆挂车列车

（3）铰接列车（图1-9）,一辆半挂牵引车与具有角向移动联结的半挂车组成的车辆。

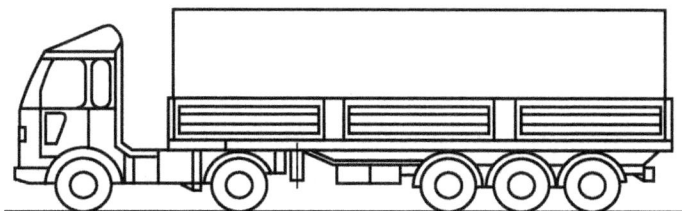

图1-9 铰接列车

（4）双挂列车（图1-10）,一辆铰接列车与一辆牵引杆挂车的组合。

图1-10 双挂列车

（5）双半挂列车（图1-11）,一辆铰接列车与一辆半挂车的组合。两辆车的联结是通过第二个半挂车的联结装置来实现。

图1-11 双半挂列车

（6）平板列车,一辆货车和一辆牵引杆货车挂车的组合;在可角向移动的货物承载平板的整个长度上载荷都是不可分地置于牵引车和挂车上。为了支撑这个载荷可以使用辅助装置。这个载荷和/或它的支撑装置构成了这两个车辆的联结装置,因此不允许挂车再有转向联结。

二、货物运输车辆

1. 全挂挂车

全挂挂车的荷载由自身全部承担,与机车仅用挂钩连接。机车不需要承担挂车荷载,只是提供动力帮助挂车克服路面摩擦阻力。在现在长途运输中很常见的货车后面挂一个车厢（也可以是多个）,就是全挂挂车。全挂式平板拖车又称"全挂车、平板车"（图1-12）。

图 1-12　全挂挂车

2. 半挂车

半挂车是通过牵引销与半挂车头相连接的一种重型的运输交通工具（图 1-13）。半挂车一般是三轴半挂车，其种类分为十一米仓栏半挂车、十三米仓栏半挂车、低平板半挂车、集装箱半挂车、罐式半挂车、厢式半挂车等。

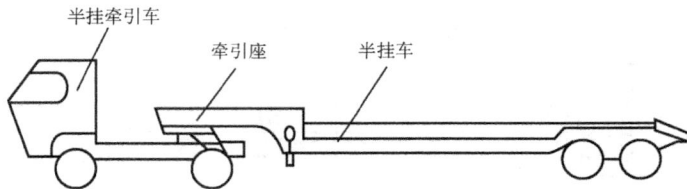

图 1-13　半挂车

全挂挂车与半挂车的区别在于：全挂挂车有两根轴，与前面的货车用挂钩连接，如在长途运输中常见的货车后面挂一个车厢（也可以是多个）。半挂车有一根轴，本身无动力，是通过牵引销与牵引车的牵引座连接，常见的集装箱运输车就是典型的半挂列车，后面装载部分就是半挂车。

3. 货车列车

汽车运输的发展，要求不断提高车辆的承载能力，但普通汽车的轴负荷和外廓尺寸受到公路法规的限制，不可能被制造得过重过大，于是出现了拖挂形式的汽车列车。它比普通汽车有较多的轴数和较大的承载面积，因而有较大的承载能力。货车列车按组合形式可分为如下四种。

（1）全挂汽车列车（图 1-14），由汽车或牵引车和全挂挂车组成的汽车列车。全挂挂车用挂环和拖架或牵引杆同汽车的牵引钩或铰链机构连接。全挂挂车多用普通载货汽车牵引，牵引用汽车可摘挂单独行动，灵活性强。载货全挂车大多为栏板货厢。全挂汽车列车行驶稳定性较差，易发生侧向偏摆。同时转向偏移距（牵引汽车前轴中心轨迹与挂车后轴中心轨迹偏差的距离）较大，挂车的追随性差，不能通过路幅较狭的急弯道。因此，全挂车的长度不宜过长，在列车中挂车数一般不宜超过 2 辆。

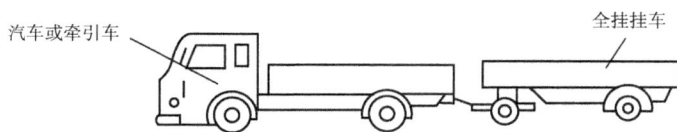

图 1-14　全挂汽车列车

（2）半挂汽车列车（图 1-15），由牵引车和半挂车组成的汽车列车。半挂车的后轴多为单轴，也有 2～3 轴的，前端有支撑连接装置，可与牵引车的后鞍座相连接，使一部分挂车总重由牵引车承载，并将牵引力传递给半挂车。为适应装载不同的物资，半挂车也有栏板货厢和平板货台两种形式，其前部有平时悬起的支承装置，摘挂时可放落着地，使挂车稳定停住。半挂汽车列车的载运量大，行驶时稳定性较好，在汽车运输发达的国家使用日益增多，并向重型和专用化方向发展。

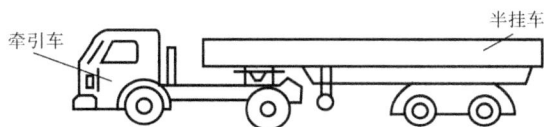

图 1-15　半挂汽车列车

（3）双挂汽车列车（图 1-16），由牵引车和两辆挂车组成的汽车列车。一般是在一个由牵引车和一辆半挂车组成的列车后面拖挂一个牵引转向架，再在该牵引转向架上连接一辆半挂车。这种汽车列车可单挂或双挂使用，适用于甩挂运输。

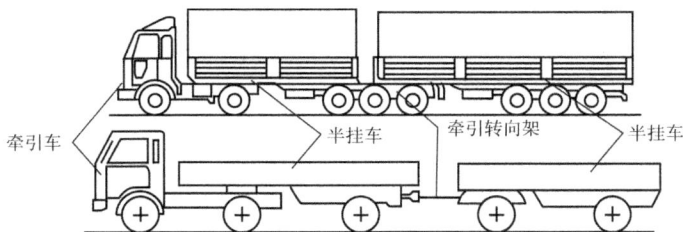

图 1-16　双挂汽车列车

（4）长货汽车列车（图 1-17），专门用于运输长件货物，如型钢、电缆柱、木材等的汽车列车。长货汽车列车由一辆专用牵引汽车和一辆长货挂车用拖杆连接组成。拖杆制成可伸缩调节式的，可以适应载运货物长短的变化。这种汽车列车的牵引车和挂车上分别设有可转动的承载

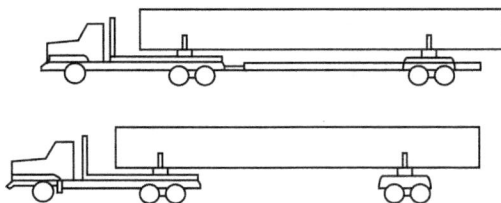

图 1-17　长货汽车列车

架以及货件锁束装置，并通过承载的长货把二者连接起来。在列车转向时，承载架能随着长货转移方位的变化相应地偏转。这种汽车列车装卸长件货物，方便、可靠，但转弯半径较大，行驶时的侧向偏摆大，机动性和稳定性都较差。因为不宜装载其他货物，以致经常空驶。

（5）超长汽车列车（图1-18）。

图1-18　超长汽车列车

■ 知识链接 ←

《交通运输部关于开展超长汽车列车试点工作的批复》（交运函〔2015〕436号）

黑龙江省交通运输厅：

你厅《关于黑龙江省龙运集团试点运营双挂列车的请示》（黑交呈〔2015〕16号）收悉。经研究，现批复如下：

一、你省龙运集团借鉴国际先进经验，提出的将货车、半挂车、中置轴挂车等货物运载单元进行组合，组成中置轴货车列车、超长汽车列车从事运输作业，并将汽车列车与甩挂、甩箱等运输组织模式结合，是提升我国货运车辆装备水平的有益探索和创新，对于提高运输组织效率、降低物流成本、促进我国货运物流业转型发展具有积极意义。同意你省龙运集团组织中置轴货车列车运行，并开展超长汽车列车运行试点工作。

二、请你厅指导龙运集团细化试点运行工作方案，结合企业运营实际，科学选取试点线路、试点车型，强化驾驶人员要求和安全装备配置，优化运输组织模式，加强车辆维护、运行监控等安全保障措施，确保运行安全；结合试点工作做好技术数据的采集，开展中置轴货车列车和超长汽车列车道路适应性、车辆安全性、运营经济性及环保性的整体评价；总结形成中置轴货车列车和超长汽车列车有关技术条件及运营规范，为中置轴货车列车和超长汽车列车在我国进一步推广应用提供实践经验。

三、请你厅指导公路管理部门根据试点企业申请，做好试点线路审批和通行保障工作；积极协调公安交警等相关部门，为超长汽车列车试点运行创造道路通行便利条件。道路运输管理部门要利用动态监控平台，加强对试点车辆安全运行的监督管理，确保运行安全。

交通运输部

2015年6月10日

三、危险货物运输车辆

(一)车辆使用性质

《机动车类型术语及定义》(GA 802—2014,以下简称 GA 802—2014)由公安部道路交通管理标准化技术委员会提出并归口,适用于道路交通管理。GA 802—2014 规定,机动车按使用性质分为营运、非营运和运送学生机动车。营运机动车是指个人或者单位以获取利润为目的而使用的机动车;非营运机动车是指个人或者单位不以获取利润为目的而使用的机动车;运送学生机动车是指用于有组织地接送 3 周岁以上学龄前幼儿或义务教育阶段学生上下学的 7 座及 7 座以上的载客汽车,即校车。机动车使用性质细类见表 1-1。

机动车使用性质细类
表 1-1

分类		说　明[a]
营运	公路客运	专门从事公路旅客运输的机动车
	公交客运	城市内专门从事公共交通客运的机动车
	出租客运	以行驶里程和时间计费,将乘客运载至其指定地点的机动车
	旅游客运	专门运载游客的机动车
	租赁	专门租赁给其他单位或个人使用,以租用时间或租用里程计费的机动车
	教练	专门从事驾驶技能培训的机动车
	货运	专门从事货物(危险货物除外)运输的机动车
	危化品运输	专门用于运输剧毒化学品、爆炸品、放射性物品、放射性物品等危险化学品的机动车
非营运	警用	公安机关、国家安全机关、监狱、劳动教养管理机构和人民法院、人民检察院用于执行紧急职务的机动车
	消防	公安消防部队或其他消防部门用于灭火的专用机动车或现场指挥机动车
	救护	急救、医疗机构和卫生防疫部门用于抢救危重病人或处理紧急疫情的专用机动车
	工程救险	防汛、水利、电力、矿山、城建、交通、铁道等部门用于抢修公用设施、抢救人民生命财产的专用机动车或现场指挥机动车
	营转非	原为营运机动车,现改为非营运机动车
	出租转非	原为出租客运机动车,现改为非营运机动车
运送学生	运送幼儿(幼儿校车)	用于有组织地接送 3 周岁以上学龄前幼儿上下学的 7 座及 7 座以上的载客机动车
	运送小学生(小学生校车)	用于有组织地接送小学生上下学的 7 座及 7 座以上的载客机动车
	运送中小学生(中小学生校车)	用于有组织地接送义务教育阶段学生(小学生和初中生)上下学的 7 座及 7 座以上的载客机动车
	运送初中生(初中生校车)	用于有组织地接送初中生上下学的 7 座及 7 座以上的载客机动车
[a]非营运机动车没有对应细类的,使用性质确定为"非营运"。除使用性质确定为"非营运""营转非""出租转非"以外的机动车,为生产经营性车辆		

营运、非营运,在道路运输业内称为"经营性、非经营性"。《中华人民共和国道路运输条例》(国务院令第709号,以下简称《道路运输条例》)虽然没有给出"道路运输经营"的定义,但其中提到"道路运输经营以及道路运输相关业务的"。道路运输管理机构在给经营性道路运输企业的车辆配发《道路运输证》时,其《机动车行驶证》的"使用性质"不得为"非营运"。

1.《道路运输条例》有关规定

《道路运输条例》第二十四条规定,申请从事货运经营的,应当依法向工商行政管理机关办理有关登记手续后,按照下列规定提出申请并分别提交符合本条例第二十一条、第二十三条规定条件的相关材料:

(1)从事危险货物运输经营以外的货运经营的,向县级道路运输管理机构提出申请;

(2)从事危险货物运输经营的,向设区的市级道路运输管理机构提出申请。

由此可知,"货运经营(货运)"包括"从事危险货物运输经营以外的货运经营",即普货运输和"从事危险货物运输经营",即危货运输(图1-19)。

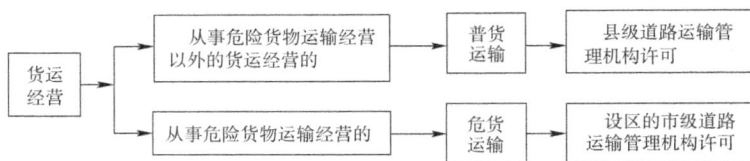

图1-19　货运经营

2.《道路危险货物运输管理规定》有关规定

《道路危险货物运输管理规定》(交通运输部令2016年第36号,以下简称《危规》)第三十一条规定,不得使用罐式专用车辆或者运输有毒、感染性、腐蚀性危险货物的专用车辆运输普通货物。其他专用车辆可以从事食品、生活用品、药品、医疗器具以外的普通货物运输,但应当由运输企业对专用车辆进行消除危害处理,确保不对普通货物造成污染、损害。

为了提高危险货物道路运输车辆的运输效率,交通运输部1993年、2005年、2013年的《危规》都有在一定条件下,允许危险货物道路运输车辆运输普通货物的规定,至今已经有20多年的实践经验。如可使用运输危险货物的牵引车、集装箱运输专用车,运输普通货物、普通货物集装箱,因为牵引车、集装箱运输专用车不会对所运的普通货物造成污染、损害。

3.关于通用车辆的设计、制造

世界各国通用车辆,如集装箱运输车,在设计、制造时,不涉及车辆运输货物性质的,不会将通用车辆分为运输危险货物或者运输普通货物而设计、制造。因为,集装箱运输车到港口集疏运集装箱时,不可能只运输装危险货物的集装箱,而不运输装普通货物的集装箱。

4.延长车辆使用年限

根据《机动车强制报废标准规定》(商务部、发改委、公安部、环境保护部令2012年第12号)的规定,危险品运输载货汽车使用10年,其他载货汽车(包括半挂牵引车和全挂牵引车)使用15年。

当公安交管部门将通用车辆的《机动车行驶证》的"使用性质"确定为"货运",道路运输管理机构根据车辆的适用性为车辆配发《道路运输证》时,将《道路运输证》的"经营范围"确定为"普货运输""危货运输"或者同时确定为"普货运输"和"危货运输"。这样,可以合理延长车辆使用年限。如价值近百万元的牵引车在从事危险货物道路运输的同时,欲从事普货运输,首先要到县级运管机构增加经营范围,办理普货运输许可。当车辆使用近10年时,企业如申请取消车辆的危货运输许可,可继续从事普货运输近5年。

(二)车辆类型

我国国家标准《危险货物运输车辆结构要求》(GB 21668—2008),是依据欧洲经济委员会《危险货物运输汽车特定结构的统一规定和型式认证规定》(R105:2000)和《危险货物国际道路运输欧洲公约》(ADR)的有关内容制定的。标准中规定了危险货物运输车辆的类型。

(1)EX/Ⅱ型车辆,用于运输配载限额附录A(表1-2)中序列Ⅱ规定之爆炸性货物的车辆。

配载限额序列表(附录A.1)(单位:kg)　　表1-2

货物类别 序列号	1.1		1.2	1.3	1.4		1.5 和 1.6	未经清洗的 空包装
	1.1A	其他			1.4S	其他		
Ⅱ	6.25	1000	3000	5000	不限	15000	5000	不限
Ⅲ	18.75	16000	16000	16000	不限	16000	1600	不限

(2)EX/Ⅲ型车辆,用于运输配载限额附录A(表1-2)中序列Ⅲ规定之爆炸性货物的车辆。

(3)FL型车辆,用于运输闪点不高于61℃之液体或用于运输易燃气体的车辆,其载货容器为车载罐或罐式集装箱,容器的容积大于$3m^3$。

(4)OX型车辆,用于运输稳定的过氧化氢或其水溶液(浓度大于60%)的车辆,其载货容器为车载罐或罐式集装箱,容器的容积大于$3m^3$。

(5)AT型车辆,载货容器与FL型和OX型车辆相同的非FL型和OX型车辆。

值得注意的是,《危规》规定,运输爆炸品的罐式专用车辆的罐体容积不得超过$20m^3$,但符合国家有关标准的罐式集装箱除外;运输爆炸品的非罐式专用车辆,核定载质量不得超过10t,但符合国家有关标准的集装箱运输专用车辆除外。

第二节　车辆产品质量管理

为加强对产品质量的监督管理,提高产品质量水平,明确产品质量责任,保护消费者的合法权益,维护社会经济秩序,我国颁布了《中华人民共和国产品质量法》(以下简称《产品质量法》)和《缺陷汽车产品召回管理条例》(国务院令第626号)。

一、缺陷汽车产品的责任主体

(一)《产品质量法》的规定

1. 产品质量责任的概念

产品质量责任是指产品的生产者、销售者以及对产品质量负有直接责任的人违反产品质量法规定的产品质量义务应承担的法律后果。生产者、销售者违反产品质量义务的行为表现为：生产者、销售者违反法律、法规对产品质量所做的强制性要求；生产者、销售者违反就产品质量向消费者所做的说明或者陈述；产品存在缺陷。

2. 产品质量责任形式

产品质量责任形式包括行政责任、民事责任和刑事责任。一是行政责任,如罚款、没收违法所得、吊销营业执照等。二是民事责任,如修理、更换、退货或者赔偿损失等。此外,《中华人民共和国合同法》(以下简称《合同法》)规定了修理、更换、重作、退货、减少价款或者报酬等产品质量责任形式。三是刑事责任,《产品质量法》和《中华人民共和国刑法》(以下简称《刑法》)做了对接的规定,如"生产、销售不符合安全标准的产品罪""生产、销售伪劣产品罪"等的对接。

3. 产品质量责任的承担主体

《产品质量法》第四条规定："生产者、销售者依照本法规定承担产品质量责任"。该条款是关于承担产品质量责任主体的规定,明确了产品质量责任的主体包括生产者、销售者(含供货者)。生产者是具有产品生产行为的主体,销售者是具有产品销售行为的主体。《产品质量法》第三章分别就"生产者的产品质量责任和义务"和"销售者的产品质量责任和义务"做了明确规定。汽车(包括罐车)生产企业应对自己的产品质量全权负责,应当对缺陷汽车实施产品召回。

4. 保证产品质量

《产品质量法》第十三条规定："可能危及人体健康和人身、财产安全的工业产品,必须符合保障人体健康和人身、财产安全的国家标准、行业标准。"第二十六条规定："生产者应当对其生产的产品质量负责。产品质量应当符合下列要求:(一)不存在危及人身、财产安全的不合理的危险,有保障人体健康和人身、财产安全的国家标准、行业标准的,应当符合该标准……"

5. 对违法生产的处罚

如生产、销售不符合保障人体健康和人身、财产安全的国家标准、行业标准的产品的,责令停止生产、销售,没收违法生产、销售的产品,并处违法生产、销售产品(包括已售出和未售出的产品,下同)货值金额等值以上三倍以下的罚款;有违法所得的,并处没收违法所得;情节严重的,吊销营业执照;构成犯罪的,依法追究刑事责任。

6. 消费者权益

《产品质量法》第二十二条规定："消费者有权就产品质量问题,向产品的生产者、销售者查询;向市场监督管理部门及有关部门申诉,接受申诉的部门应当负责处理。"本条是指对用户、消费者在产品质量监督方面行使有关权利的规定。首先用户、消费者对产品质量问题享有查询权、申诉权;其次技术监督行政部门、工商行政管理部门及有关行业主管部门对用户、消费者的申诉负有处理的职责。

《产品质量法》第四十三条规定:"因产品存在缺陷造成人身、他人财产损害的,受害人可以向产品的生产者要求赔偿,也可以向产品的销售者要求赔偿。属于产品的生产者的责任,产品的销售者赔偿的,产品的销售者有权向产品的生产者追偿。属于产品的销售者的责任,产品的生产者赔偿的,产品的生产者有权向产品的销售者追偿。"第四十四条规定:"因产品存在缺陷造成受害人人身伤害的,侵害人应当赔偿医疗费、治疗期间的护理费、因误工减少的收入等费用;造成残疾的,还应当支付残疾者生活自助具费、生活补助费、残疾赔偿金以及由其扶养的人所必需的生活费等费用;造成受害人死亡的,并应当支付丧葬费、死亡赔偿金以及由死者生前扶养的人所必需的生活费等费用。因产品存在缺陷造成受害人财产损失的,侵害人应当恢复原状或者折价赔偿。受害人因此遭受其他重大损失的,侵害人应当赔偿损失。"上述两条规定明确了因产品存在缺陷造成人身、他人财产损害的,受害人(包括消费者)依法享有的要求并获得赔偿的权利。

《产品质量法》第四十五条规定:"因产品存在缺陷造成损害要求赔偿的诉讼时效期间为二年,自当事人知道或者应当知道其权益受到损害时起计算。因产品存在缺陷造成损害要求赔偿的请求权,在造成损害的缺陷产品交付最初消费者满十年丧失;但是,尚未超过明示的安全使用期的除外。"该规定明确了因产品存在缺陷造成损害要求赔偿的诉讼时效期间。

此外,《消费者权益保护法》进一步明确了消费者的权利和经营者的义务。消费者的权利包括:安全保障权、知悉真情权、自主选择权、公平交易权、获取赔偿权、结社权、获得相关知识权、受尊重权、监督批评权。经营者的义务包括:履行法定义务及约定义务、保证商品和服务安全的义务、保证质量的义务、接受监督的义务、提供真实信息的义务、标明真实名称和标记的义务、出具凭证或单据的义务、履行"三包"或其他责任的义务、不得单方做出对消费者不利规定的义务、不得侵犯消费者人格权的义务。

(二)《缺陷汽车产品召回管理条例》的规定

召回,是指汽车产品生产者对其已售出的汽车产品采取措施消除缺陷的活动。缺陷,是指由于设计、制造、标识等原因导致的在同一批次、型号或者类别的汽车产品中普遍存在的不符合保障人身、财产安全的国家标准、行业标准的情形或者其他危及人身、财产安全的不合理的危险。由此可知,缺陷汽车产品主要原因是,汽车(包括罐车)生产企业不按照国家标准设计、制造,产生了缺陷汽车;召回主体责任与《产品质量法》要求一致,是由缺陷汽车产品的生产者承担产品质量责任。

根据《缺陷汽车产品召回管理条例》第二十八条的规定,生产者依法召回缺陷汽车产品,不免除其依法应当承担的责任。汽车产品存在本条例规定的缺陷以外的质量问题的,车主有权依照产品质量法、消费者权益保护法等法律、行政法规和国家有关规定以及合同约定，要求生产者、销售者承担修理、更换、退货、赔偿损失等相应的法律责任。

二、缺陷汽车产品召回

以下介绍缺陷汽车产品召回的具体步骤。

（一）缺陷确认

（1）投诉缺陷。《缺陷汽车产品召回管理条例》第六条规定，任何单位和个人有权向产品质量监督部门投诉汽车产品可能存在的缺陷，国务院产品质量监督部门应当以便于公众知晓的方式向社会公布受理投诉的电话、电子邮箱和通信地址。消费者的投诉是缺陷产品召回制度得以正常运行的重要基础，产品质量监督部门应当建立缺陷汽车产品召回信息管理系统，收集汇总、分析处理有关缺陷汽车产品信息。

（2）确认缺陷。《缺陷汽车产品召回管理条例》第十二条规定，生产者获知汽车产品可能存在缺陷的，应当立即组织调查分析，并如实向国务院产品质量监督部门报告调查分析结果。生产者确认汽车产品存在缺陷的，应当立即停止生产、销售、进口缺陷汽车产品，并实施召回。《缺陷汽车产品召回管理条例》第十三条规定，国务院产品质量监督部门获知汽车产品可能存在缺陷的，应当立即通知生产者开展调查分析；生产者未按照通知开展调查分析的，国务院产品质量监督部门应当开展缺陷调查。国务院产品质量监督部门认为汽车产品可能存在会造成严重后果的缺陷的，可以直接开展缺陷调查。

（二）召回责任

批量性汽车产品存在缺陷是汽车产品召回的法定原因。《缺陷汽车产品召回管理条例》第八条规定，对缺陷汽车产品，生产者应当依照本条例全部召回；生产者未实施召回的，国务院产品质量监督部门应当依照本条例责令其召回。该规定明确了生产者对其制造的汽车产品质量负责，应对缺陷汽车产品全部实施召回，即生产者是缺陷汽车产品的召回主体；同时国务院产品质量监督部门是督促、检查、落实生产企业召回的主体。

此外，在中国境内制造、出售的汽车产品存在缺陷的，由生产者负责召回，进口汽车产品存在缺陷的，由进口商负责召回。

（三）召回程序

召回程序明确具体，具有针对性和可操作性，是确保生产者履行召回责任的前提。对此，《缺陷汽车产品召回管理条例》从以下四个方面作了规定。

（1）明确了召回启动程序。生产者获知汽车产品可能存在缺陷的，应当立即组织调查分析，确认汽车产品存在缺陷的，应当立即停止生产、销售、进口缺陷汽车产品，并实施召回；国务院产品质量监督部门经缺陷调查认为汽车产品存在缺陷的，也应当通知生产者实施召回。也就是说我国缺陷汽车产品召回的程序分为"制造商主动召回"和"主管部门指令召回"两种，而其中消费者的投诉是启动召回程序的主要渠道。

（2）规定了召回实施程序。生产者实施召回，应当按照国务院产品质量监督部门的规定制定召回计划，并按照召回计划实施召回。召回计划，应报国务院产品质量监督部门备案。对实施召回的缺陷汽车产品，生产者应当及时采取修正或者补充标识、修理、更换、退货等措施消除缺陷。

（3）规定了召回报告程序。生产者应当按照国务院产品质量监督部门的规定提交召回阶段性报告和召回总结报告。

（4）生产者应当承担消除缺陷的费用和必要的运送缺陷汽车产品的费用。

缺陷汽车产品召回流程示意图如图1-20所示。

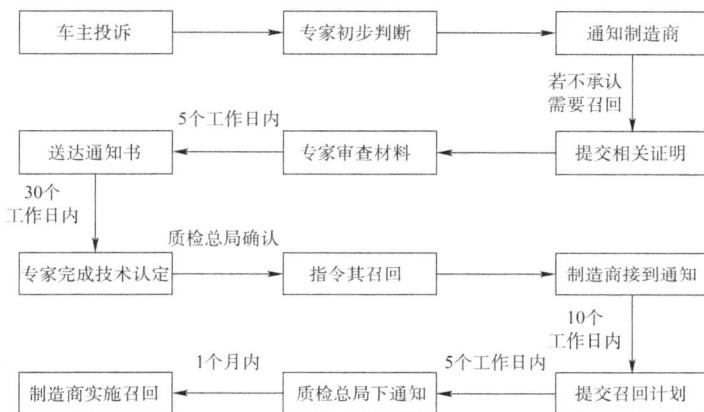

图1-20　汽车召回流程示意图

例如，晋济高速公路山西晋城段岩后隧道"3·1"特别重大道路交通危化品爆燃事故的原因之一，是罐体未安装紧急切断阀。《国务院安委会办公室关于加强危险化学品道路运输和公路隧道安全工作的紧急通知》（安委办明电〔2014〕4号）已经明确，"对于2006年11月1日以后出厂的常压罐式危险化学品运输车辆，在销售合同或技术确认书中已明确为运输危险化学品且没有安装紧急切断装置的，由车辆生产企业免费安装紧急切断装置"。《关于在用液体危险货物罐车加装紧急切断装置有关事项的通知》（安监总管三〔2014〕74号）进一步明确，"根据《道路运输液体危险货物罐式车辆　第1部分：金属常压罐体技术要求》（GB 18564.1—2006），2006年11月1日以后出厂的液体危险货物罐车应当安装紧急切断装置，否则是不合格产品"。也就是说，事故罐车的罐体未安装紧急切断阀，是不合格产品，应该召回。这种情况下，可以省略缺陷确认环节，直接按照《缺陷汽车产品召回管理条例》的规定，先落实召回主体——生产企业，以及监督主体——国务院产品质量监督部门，按召回程序办理。由此可见，危险货物道路运输企业如购买了不合格产品的，是受害者；而缺陷汽车产品，必须依法召回，且依法召回工作，不应该涉及道路运输管理机构。

三、交通运输主管部门的相关职责

根据《缺陷汽车产品召回管理条例》，交通运输主管部门关于缺陷汽车产品召回的职责主要包括以下两个方面。

（一）关于维修投诉、召回的信息共享机制的建立

《缺陷汽车产品召回管理条例》第六条规定："任何单位和个人有权向产品质量监督部门投诉汽车产品可能存在的缺陷，国务院产品质量监督部门应当以便于公众知晓的方式向社会公布受理投诉的电话、电子邮箱和通信地址。国务院产品质量监督部门应当建立缺陷汽车产品召回信息管理系统，收集汇总、分析处理有关缺陷汽车产品信息。产品质量监督部门、汽车产品主管部门、商务主管部门、海关、公安机关交通管理部门、交通运输主管部门、工商行政管理部门等有关部门应当建立汽车产品的生产、销售、进口、登记检验、维修、消费者投诉、召回等信息的共享机制"。上述规定明确要求交通运输主管部门与其他部门建立维修投诉、召回的信息共享机制。

（二）关于商业秘密和个人信息的保密义务

《缺陷汽车产品召回管理条例》第七条规定："产品质量监督部门和有关部门、机构及其工作人员对履行本条例规定职责所知悉的商业秘密和个人信息，不得泄露。"这一规定实际上明确了交通运输主管部门对商业秘密和个人信息的保密义务。

综上所述，危险货物道路运输涉及人员首先要明确，在境内合法销售的汽车都应是合格产品，不合格产品不得销售。其次，危险货物道路运输企业对于运输所使用的车辆，也称为"在用车"，只是使用车辆，不得改装车辆。如果发现企业购买的车辆存在缺陷，一是企业应使用法律武器，保护企业合法权益；二是政府部门要依法保护企业合法的权益，尤其是作为监督主体——国务院产品质量监督部门要监督生产企业召回，交通运输主管部门（道路运输管理机构）要与其他部门建立维修投诉、召回的信息共享机制、履行商业秘密和个人信息的保密义务。

第二章　道路运输车辆技术管理知识

道路运输车辆是道路运输生产的重要载运工具,直接影响道路运输安全、生产效率、节能减排和运输工作效率。道路运输企业作为安全生产的责任主体,要切实履行车辆技术管理的职责,确保运输车辆处于完好状态,提升企业本质安全程度。

第一节　道路运输车辆技术要求

为了加强技术管理使运输车辆更安全、更高效、更环保,交通运输部制定了《道路运输车辆技术管理规定》(交通运输部令2016年第1号,以下简称《车辆规定》),共有总则、车辆基本技术条件、技术管理的一般要求、车辆维护与修理、车辆检测管理、监督检查、法律责任、附则等8章34条。

《车辆规定》按照"创新、协调、绿色、开放、共享"的发展理念,坚持"综合交通、智慧交通、绿色交通、平安交通"目标导向,制定符合行情民意、具有时代特征的政策措施;坚持问题导向,主动大胆作为,着力解决行业发展中的难点热点问题,满足道路运输行业转型升级、提质增效的需要。具体地,首先确定了道路运输经营者的责任,提出了"择优选配、正确使用、周期维护、视情修理、定期检测、适时更新"的车辆技术管理责任和义务,重新划分了道路运输车辆技术等级,明确经营者可以根据车辆工作强度、使用条件和相关标准自行确定维护周期、自觉组织实施维护;其次明确了道路运输管理机构的监管职责,道路运输车辆技术管理是道路运输行业监督管理的重要内容,要进一步加强管理,切实保持车辆技术状况良好,保证行车安全、发挥车辆效能、促进节能减排,推动道路运输行业科学发展、安全发展。

一、基本知识

(一)基本概念

《车辆规定》第二条规定:"道路运输车辆技术管理适用本规定。本规定所称道路运输车辆包括道路旅客运输车辆(以下简称客车)、道路普通货物运输车辆(以下简称货车)、道路危险货物运输车辆(以下简称危货运输车)。本规定所称道路运输车辆技术管理,是指对道路运输车辆在保证符合规定的技术条件和按要求进行维护、修理、综合性能检测方面所做的技术性管理。"首先,明确出租汽车、公共汽电车、驾驶人员教学车辆、租赁车辆等未纳入本规定中的道路运输车辆范畴。其次,明确道路运输车辆技术管理是指对道路运输车辆在保证符合规定的技术条件和按要求进行维护、修理、综合性能检测方面所做的技术性管理。以下重点介绍货运车辆。

（1）道路普通货物运输车辆，是指从事道路普通货运、道路货物专用运输、道路大型物件运输经营活动的车辆。

（2）危险货物道路运输车辆，是指满足特定技术条件和要求，从事危险货物道路运输的载货汽车。

（二）基本原则

《车辆规定》第三条明确："道路运输车辆技术管理应当坚持分类管理、预防为主、安全高效、节能环保的原则。"

1. 分类管理

道路运输车辆分类管理的理念来自道路运输发达国家，是严格遵循道路运输车辆使用规律建立起来的现代道路运输车辆技术管理理念和方式方法。

（1）分类管理是遵循车辆使用规律和结构特征科学界定的。不同用途的道路运输车辆在使用强度、运行技术条件、使用规律方面存在差异性。客运车辆涉及旅客的安全及舒适性要求，危险货物运输车辆涉及运输特殊要求及出现事故后的应急处理等一系列复杂技术问题。

（2）不同用途车辆的工作环境存在差异，其所在环境及收益特征决定了车辆的机件磨损规律和使用特点。

（3）道路运输行政许可要求危险货物运输车辆必须达到《道路运输车辆技术等级划分和评定要求》（JT/T 198）规定的一级车。

（4）依据《中华人民共和国节约能源法》（以下简称《节约能源法》）和国务院相关规章规定，需要对拟进入道路运输市场、总质量在 3500kg 及其以上以汽油或柴油为单一燃料的客货运输车辆的燃料消耗量进行核查，要求其必须满足行业强制技术标准《营运客车燃料消耗量限值及测量方法》（JT/T 711）和《营运货车燃料消耗量限值及测量方法》（JT/T 719）的要求，避免盲目选购。

（5）确保道路运输车辆技术性能符合《道路运输车辆综合性能要求和检验方法》（GB 18565）对道路运输车辆结构、性能、配置的相关要求，确保节能减排和安全高效。

《车辆规定》按照运输对象、安全生产影响程度等对运输车辆实行分类管理，将客车、危货运输车列为管理重点，对客车、危货运输车使用后期增加了维护和检验周期的频次。

2. 预防为主

预防为主是把采取各种措施预防车辆技术问题的发生放在车辆技术管理工作的首位，防患于未然。对车辆技术管理，不是在事后去找原因、追责任、堵漏洞，而要谋事在先，尊重科学，探索规律，采取有效的措施预防车辆技术问题的发生，做到防患于未然，将隐患消灭在萌芽状态。虽然在生产活动中不可能完全杜绝车辆技术问题的发生，但只要从思想上重视，预防措施得当，由于车辆技术问题引发的事故，特别是重大恶性事故就可以大大减少。预防为主要求道路运输经营者严格遵循相关技术标准或规范。

对车辆技术管理实行预防为主原则，主要是由车辆本身的结构特点、机件磨损规律和使用条件所决定的。车辆使用有其自身的客观规律,现阶段的车辆技术还没有摆脱机械设备的摩擦理论和可靠性理论,使用一定里程或时间,技术状况必然发生变化,润滑油的失效、螺栓螺母的松动、摩擦附件的配合间隙变化等客观因素都会导致车辆技术状况恶化,要克服这种趋势就必须严格遵循车辆使用规律,以科学严谨的态度对待车辆技术管理工作,确保车辆始终处于良好技术状况,进而保障车辆运行安全和节能减排。车辆技术状况变坏是一个渐进的过程,车辆在使用过程中产生的许多技术问题是可以通过采取预防措施得到解决的。将预防为主确立为道路运输车辆技术管理的一项基本原则,并在《车辆规定》里加以强调和突出,具有重要意义。

3. 安全高效

安全高效原则是从国家"十三五"发展规划和建设"四个交通"的角度出发提出来的,也是确保道路运输健康、有序、持续发展的保障条件。

道路运输车辆安全包括运行安全、维修检测安全和日常安全。安全一靠制度保障,二靠运行机制保障,三靠人员素质保障。因此,道路运输经营者应该从上述三个方面入手,建立健全规章制度,通过制度形成对应高效的运行机制,达到提高人员素质,满足道路运输安全管理需求的目的。

高效是指效率高,即在保证质量的前提下,相同或更短的时间里完成更多的任务。包括运输生产效率、车辆使用效率和技术经济指标效率。为确保这三个效率,道路运输经营者应当编制相应的技术管理制度、技术经济考核指标,按照现代企业管理制度完善相关运行机制。

在运输组织方面,应积极引进现代科技,充分运用"互联网+"技术,促进多式联运和综合运输效率的提高;在车辆维修方面,积极应用成熟可靠的汽车检测诊断、维修技术及仪器设备,落实检测—诊断—维护—修理的技术路线和操作规程,避免车辆过度维修和延迟维修,确保维修的及时性和有效性;在简政放权、便民服务方面,化繁为简,对普通道路运输车辆允许异地检测,改革了道路运输车辆维护管理制度,取消了相关签证备案环节,提高了工作效率。在道路运输车辆安全监管方面,突出了经营者主体责任,明确了道路运输经营者在车辆技术管理全过程中的权利、责任和义务,还权予企,提高了道路运输经营者在车辆技术管理活动中的地位和作用。

4. 节能环保

应对全球气候变化、减少温室气体排放,已成为国际社会的共同责任和义务。节能环保是道路运输业可持续发展的必由之路。据统计,交通运输中石油能耗占全部终端石油能耗的60.1%,占全部终端能耗比例达12.7%,而道路运输业能耗占交通运输总能耗的35%,是交通运输行业的能源消耗大户。欧洲、日本认为全球变暖是地球最大的环境威胁之一,CO_2是最重要的温室气体,而传统汽柴油车大量排放 CO_2。因此,汽车节能也就控制了 CO_2 排放。积极发展节能环保型汽车,在车辆使用、维修、检测等环节注重节能环保措施的应用,符合我国能源供给实际和消费水平,有利于缓解能源紧张状况,保护环境,对于落实国家能源发展战略,加快建设资源节约型、环境友好型社会,具有重要意义。道路运输车辆节能还与全球变暖及雾霾关系密切。2004年我国发布了国家强制性标准《乘用车燃料消耗量限值》(GB 19578),分两个阶段实施。2014年对该标准进行了修订。交通运输主管部门对于道路运输车辆出台了行业强制性技术标准,即《营运客车燃料消耗量限值及测量方法》(JT/T 711)、《营运货车燃料消耗量限值及测量方法》(JT/T 719)。目前节能环保型汽车早已成为世界汽车消费的主流,国家正在制定轻型商用车油耗限值标准。

二、道路运输车辆技术管理法规体系

《车辆规定》第一条规定:"为加强道路运输车辆技术管理,保持车辆技术状况良好,保障运输安全,发挥车辆效能,促进节能减排,根据《中华人民共和国安全生产法》《中华人民共和国节约能源法》《中华人民共和国道路运输条例》等法律、行政法规,制定本规定。"

该条一方面明确了立法宗旨:为加强道路运输车辆技术管理,保持车辆技术状况良好,保障运输安全,发挥车辆效能,促进节能减排;另一方面也明确了《车辆规定》编制的立法依据,揭示了道路运输车辆技术管理的法规体系(图2-1)。这些法律法规有些直接对道路运输车辆作出具体的规定,有些则从不同方面间接地对道路运输车辆的使用、维护、修理、检测等进行了调整。

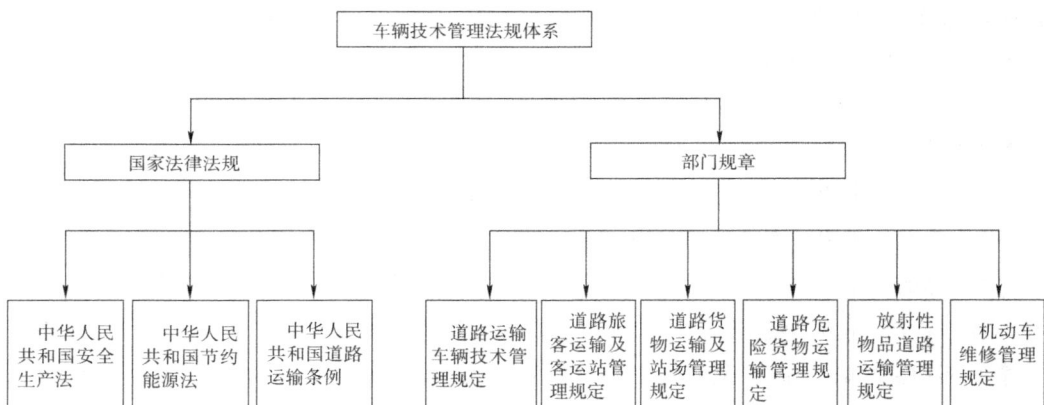

图2-1　道路运输车辆技术管理法规体系框架

1.《安全生产法》

《中华人民共和国安全生产法》(以下简称《安全生产法》)第二条规定:"在中华人民共和国领域内从事生产经营活动的单位(以下统称生产经营单位)的安全生产,适用本法;有关法律、行政法规对消防安全和道路交通安全、铁路交通安全、水上交通安全、民用航空安全以及核与辐射安全、特种设备安全另有规定的,适用其规定。"

这里包含两层含义。一是本法适用于生产经营单位的安全生产。所谓"生产经营单位",是指从事商品生产、销售以及提供服务的法人和其他经济组织,不论其所有制性质、企业组织形式和经营规模大小,只要从事生产经营活动的,都应遵守本法的规定。二是对特定领域安全管理的法律适用作出灵活处理。这些领域的安全既有一般生产经营单位安全生产的共性，又有明显的自身特点。道路交通安全、铁路交通安全、水上交通安全、民用航空安全都属于流动过程中的安全，其中既涉及生产经营单位，又涉及其他单位和个人。这些领域的安全管理都有专门的法律行政法规，如《中华人民共和国道路交通安全法》(以下简称《道路交通安全法》)对道路安全领域的安全管理作出了比较全面具体的规定。需要注意的是，本条规定不是适用除外的规定，并没有排除《安全生产法》在这些领域的适用，只是明确相关法律优先适用。相关法律、行政法规没有作出特别规定的，仍然适用《安全生产法》，特别是安全生产责任制、安全生产教育和培训、隐患排查治理等具有共性的制度措施。

第二十一条规定："矿山、金属冶炼、建筑施工、道路运输单位和危险物品的生产、经营、储存单位，应当设置安全生产管理机构或者配备专职安全生产管理人员。"

因此，道路运输单位应当设置安全生产管理机构或者配备专职安全生产管理人员。这里的"安全生产管理机构"是指生产经营单位内部设立的负责安全生产管理事务的机构。"专职安全生产管理人员"是指在生产经营单位中专门负责安全生产管理，不兼作其他工作的人员。

原则上，生产经营单位作为市场主体，其内部机构设置和人员配备应自主决定。但是，安全生产涉及社会公共安全和公共利益，对生产经营单位安全生产管理机构的设置和安全生产管理人员的配备，政府需要进行管理和干预。安全生产的局面不会自然出现，必须有人具体管、具体负责。落实生产经营单位的安全生产主体责任，需要生产经营单位在内部组织架构和人员配置上对安全生产工作予以保障。安全生产管理机构和安全生产管理人员，是生产经营单位开展安全生产管理工作的重要前提，在生产经营单位的安全生产中发挥着不可或缺的重要作用。分析近年来发生的生产安全事故，生产经营单位没有设置相应的安全生产管理机构或者配备必要的安全生产管理人员，是重要原因之一。特别是在市场经济条件下，这一问题更加突出。因此，明确生产经营单位在设置安全生产管理机构和配备安全生产管理人员方面的要求，对于加强安全生产管理工作，十分必要。

至于具体在什么情况下应当设置安全生产管理机构，在什么情况下配备专职安全生产管理人员，本条未做具体规定。生产经营单位可以根据本单位的规模以及安全生产状况等实际情况，自主作出决定。一般来讲，规模较小的生产经营单位，可只配备专职安全生产管理人员；规模较大的生产经营单位则应当设置安全生产管理机构。从根本上说，无论是设置安全生产管理机构还是配备专职安全生产管理人员，必须以满足本单位安全生产管理工作的实际需要为原则。

第三十六条规定："生产、经营、运输、储存、使用危险物品或者处置废弃危险物品的，由有关主管部门依照有关法律、法规的规定和国家标准或者行业标准审批并实施监督管理。生产经营单位生产、经营、运输、储存、使用危险物品或者处置废弃危险物品，必须执行有关法律、法规和国家标准或者行业标准，建立专门的安全管理制度，采取可靠的安全措施，接受有关主管部门依法实施的监督管理。"

2.《节约能源法》

《节约能源法》第四十一条规定："国务院有关交通运输主管部门按照各自的职责负责全国交通运输相关领域的节能监督管理工作。国务院有关交通运输主管部门会同国务院管理节能工作的部门分别制定相关领域的节能规划。"

交通运输行业是为国民经济和社会发展提供基础性服务的行业，是我国能源消耗大户，随着工业化、城镇化进程逐步加快，道路、水路交通基础设施日益改善，交通运输业的机动化、自动化程度明显提高，国民经济和社会的发展以及人民群众的出行，对交通运输提出了更安全、更便捷、更通畅、更经济的客观要求。

第四十五条规定："国家鼓励开发、生产、使用节能环保型汽车、摩托车、铁路机车车辆、船舶和其他交通运输工具，实行老旧交通运输工具的报废、更新制度。国家鼓励开发和推广应用交通运输工具使用的清洁燃料、石油替代燃料。"

我国交通运输工具能源利用效率偏低，存在较大的节能空间。国家采取措施，鼓励开发、生产、使用节能环保型汽车、摩托车、铁路机车车辆、船舶和其他交通运输工具，是推进交通运输行业节能的重要举措。积极鼓励发展节能环保型交通运输工具，符合我国能源供给实际，有利于缓解能源紧张状况，保护环境，有利于增强我国交通运输工具开发、制造企业的国际竞争力。此外，为了推动交通运输节能，还应当实行老旧交通运输工具的报废、更新制度，淘汰耗能高的老旧交通运输工具，更换为新的符合节能标准的交通运输工具。

清洁燃料是指燃烧后产生的有害物质少、符合环保要求的燃料。目前在交通运输工具上使用较为普遍的清洁燃料有天然气、液化石油气、醇醚燃料等。这些燃料之所以被称为清洁代用燃料，是因为与汽油、柴油相比，尾气中 CO、碳氢化合物、CO_2 等污染物的排放量要少得多。石油替代燃料是指可替代石油作为交通运输工具燃料的能源。石油是不可再生的战略资源，是现代经济社会赖以正常运转的血液，除了对石油资源大力开源节流外，寻找替代能源也是极其重要的发展方向。开发和推广应用清洁燃料、石油替代燃料，不仅可以减少石油等化石能源的消耗，而且有利于保护环境。

第四十六条规定："国务院有关部门制定交通运输营运车船的燃料消耗量限值标准；不符合标准的，不得用于营运。国务院有关交通运输主管部门应当加强对交通运输营运车船燃料消耗检测的监督管理。"

为加强交通运输营运车船燃料消耗管理，国务院有关部门应当依照本条规定，制定交通运输营运车船的燃料消耗量限值标准。交通运输营运车船的燃料消耗量，是指从事交通运输的营运车船在运行过程中每单位里程所消耗的燃料。交通运输营运车船的燃料消耗量限值，是指从事交通运输营运的车船在运行过程中每单位里程的燃料消耗量不得超过的最大数额。交通运输营运车船的燃料消耗量限值标准，是专门针对营运车船的，是与本法配套的重要标准之一，其制定与实施，对于落实国家节能减排要求、促进我国交通运输营运车船节能技术水平的提高和完善我国节能标准体系，具有重要意义。

根据本条规定，交通运输营运车船的燃料消耗量限值标准是强制性国家标准，凡是不符合该标准的,不能用于营运。这一规定从根本上推动我国交通运输营运车船燃料经济性的提高和交通运输营运车船制造技术的全面进步,促进我国交通运输营运车船节能技术水平的提高。

3.《道路运输条例》

《道路运输条例》对道路运输市场实行准入管理,设定了进入道路运输市场的行政许可制度,依据行政许可法的原则和精神,明确了从事道路运输经营、道路运输相关业务、国际道路运输的许可条件。从事客运、货运经营的,应当具备以下3个条件:

(1)有与其经营业务相适应并经检测合格的车辆;

(2)有符合规定条件的驾驶人员;

(3)有健全的安全生产管理制度。

对于危险货物运输经营有更严格的准入条件。

道路运输安全直接关系到人民群众的人身安全和财产安全。为此,《道路运输条例》针对运输车辆及其使用的安全管理,作了具体规定:

(1)在道路运输经营的准入条件中规定,从事道路运输的车辆应当检测合格,驾驶人员应当符合相关条件,从源头控制不合格的车辆和驾驶人员从事道路运输经营。

(2)客运经营者、货运经营者应当加强对从业人员的安全教育、职业道德教育,确保道路运输安全。道路运输从业人员应当遵守道路运输操作规程,不得违章作业,驾驶人员连续驾驶时间不得超过4小时。

(3)客运经营者、货运经营者应当加强对车辆的维护、修理和检测,确保车辆符合国家规定的技术状况,不得使用报废的、擅自改装的和其他不符合国家规定的车辆从事道路运输经营。

(4)道路运输车辆不得超载运输旅客和货物,道路运输站(场)经营者应当采取措施防止超过载运限额和未经安全检查的车辆出站,按照车辆核定载客限额售票,防止携带危险品的人员进站乘车。

(5)货运经营者应当采取必要措施,防止货物脱落、扬撒等。

(6)危险货物运输必须配备必要的押运人员和悬挂危险货物运输标志,托运危险货物的应当向货运经营者说明货物的有关情况。

(7)机动车维修经营者不得使用假冒伪劣配件维修机动车,不得承修已报废的机动车,不得擅自改装机动车。

(8)机动车驾驶人员培训机构应当按照国务院交通主管部门规定的教学大纲进行培训,确保培训质量。

4.《车辆规定》

《车辆规定》提出如下要求。

(1)明晰了交通运输主管部门与经营者间的职责边界。一是明确道路运输经营者是车辆技术管理的责任主体。要求其根据车辆数量和经营类别合理地设置部门,配备人员,有效地实施车辆技术管理;二是道路运输经营者作为车辆维护、修理的实施主体,由其自行确定维护周期,自行组织实施,确保车辆技术状况良好,为道路运输车辆的维护和修理提供服务保障,充分发挥经营者车辆维护的主观能动性;三是汽车综合性能检测机构作为评价道路运输车辆技术状况的技术支撑单位,对检测评定的结果应当承担相应的法律责任。

（2）优化了车辆技术管理监管措施。一是强化了车辆基本技术条件。要求车辆技术状况符合国家标准《道路运输车辆综合性能要求和检验方法》（GB 18565）的要求,车辆技术等级达到《道路运输车辆技术等级划分和评定要求》（JT/T 198）规定的二级以上,新进入道路运输市场的车辆燃料消耗量应符合《营运客车燃料消耗量限值及测量方法》（JT/T 711）、《营运货车燃料消耗量限值及测量方法》（JT/T 719）的要求。二是强化了事中事后监管。要求道路运输管理机构按照职责权限对道路运输车辆的技术管理进行监督检查,并将运输车辆的技术管理情况纳入道路运输企业质量信誉考核和诚信管理体系。

（3）创新了车辆技术管理理念和思路。借鉴发达国家商用车管理先进经验,结合我国道路运输车辆技术管理实际,从科学发展的角度和顶层设计的高度,革新了车辆技术管理的原则和方针,明确提出了道路运输车辆技术管理坚持"分类管理、预防为主、安全高效、节能环保"的原则,以此确定了道路运输经营者车辆技术管理执行"择优选配、正确使用、周期维护、视情修理、定期检测、适时更新"的方针,并在此基础上,创新了道路运输车辆维护制度,创新了车辆技术管理监管方式,创新了车辆分类管理模式。

5.《道路货物运输及站场管理规定》

《道路货物运输及站场管理规定》（交通运输部令2016年第35号）涉及车辆技术管理的相关内容有:"第六条　申请从事道路货物运输经营的,应当具备下列条件:

（一）有与其经营业务相适应并经检测合格的运输车辆

1.车辆技术要求应当符合《道路运输车辆技术管理规定》有关规定。

2.车辆其他要求

（1）从事大型物件运输经营的,应当具有与所运输大型物件相适应的超重型车组;

（2）从事冷藏保鲜、罐式容器等专用运输的,应当具有与运输货物相适应的专用容器、设备、设施,并固定在专用车辆上;

（3）从事集装箱运输的,车辆还应当有固定集装箱的转锁装置。"

6.《危规》

《危规》涉及车辆技术管理的相关内容有:

"第八条　申请从事道路危险货物运输经营,应当具备下列条件:

（一）有符合下列要求的专用车辆及设备

1.自有专用车辆（挂车除外）5辆以上;运输剧毒化学品、爆炸品的,自有专用车辆（挂车除外）10辆以上。

2.专用车辆的技术要求应当符合《道路运输车辆技术管理规定》有关规定。

3.配备有效的通讯工具。

4.专用车辆应当安装具有行驶记录功能的卫星定位装置。

5.运输剧毒化学品、爆炸品、易制爆危险化学品的,应当配备罐式、厢式专用车辆或者压力容器等专用容器。

6.罐式专用车辆的罐体应当经质量检验部门检验合格,且罐体载货后总质量与专用车辆核定载质量相匹配。运输爆炸品、强腐蚀性危险货物的罐式专用车辆的罐体容积不得超过20m³,运输剧毒化学品的罐式专用车辆的罐体容积不得超过10m³,但符合国家有关标准的罐式集装箱除外。

7.运输剧毒化学品、爆炸品、强腐蚀性危险货物的非罐式专用车辆,核定载质量不得超过10t,但符合国家有关标准的集装箱运输专用车辆除外。

8.配备与运输的危险货物性质相适应的安全防护、环境保护和消防设施设备。

第二十一条 道路危险货物运输企业或者单位应当按照《道路运输车辆技术管理规定》中有关车辆管理的规定,维护、检测、使用和管理专用车辆,确保专用车辆技术状况良好。

第二十三条 禁止使用报废的、擅自改装的、检测不合格的、车辆技术等级达不到一级的和其他不符合国家规定的车辆从事道路危险货物运输。

除铰接列车、具有特殊装置的大型物件运输专用车辆外,严禁使用货车列车从事危险货物运输;倾卸式车辆只能运输散装硫黄、萘饼、粗蒽、煤焦沥青等危险货物。

禁止使用移动罐体(罐式集装箱除外)从事危险货物运输。

第二十五条 罐式专用车辆的常压罐体应当符合国家标准《道路运输液体危险货物罐式车辆 第1部分:金属常压罐体技术要求》(GB 18564.1)、《道路运输液体危险货物罐式车辆 第2部分:非金属常压罐体技术要求》(GB 18564.2)等有关技术要求。

使用压力容器运输危险货物的,应当符合国家特种设备安全监督管理部门制订并公布的《移动式压力容器安全技术监察规程》(TSG R0005)等有关技术要求。

压力容器和罐式专用车辆应当在质量检验部门出具的压力容器或者罐体检验合格的有效期内承运危险货物。"

三、道路运输车辆技术管理制度

1.道路运输车辆燃料消耗量准入制度

为加强道路运输车辆能耗管理,根据《节约能源法》和国家节能减排战略,交通运输部于2008年开始实行燃料消耗量准入制度,发布实施了《道路运输车辆燃料消耗量检测和监督管理办法》(交通运输部令2009年第11号),要求全国新投入的、总质量超过3500kg的道路旅客运输车辆和货物运输车辆在燃料消耗量指标方面实行准入制度,对于燃料消耗量限值不达标的车辆不得用于营运。据此,交通运输行业建立了道路运输车辆能源消耗量准入制度。

车辆燃料消耗量主要依据《营运客车燃料消耗量限值及测量方法》(JT/T 711)和《营运货车燃料消耗量限值及测量方法》(JT/T 719)进行检测。对于符合标准要求的车型,交通运输部发布道路运输车辆达标车型公告,由县级以上道路运输管理机构对达标车型车辆参数及配置进行核查,确保整车生产一致性。通过制度实施,引导整车生产厂不断提升产品研发和生产技术水平,全面降低道路运输车辆单车燃料消耗量,加快推进道路运输节能减排总体目标的实现。

2. 汽车维护制度

汽车维护制度是在理论与实践反复证明的基础上提出并由行政法规确立的一项车辆技术管理制度,通过维护,能及早发现问题,消除安全隐想,使车辆持续保持良好的工作状态,防止车辆"带病"运行。自20世纪90年代以来,我国对营运车辆实行强制维护,但随着我国经济体制改革的巨大变迁,道路运输业跨越式发展,原有的管理模式、监督检查方式不能很好适应当前车辆维护管理实际需要,严重困扰各地车辆维护工作的正常开展。

2016年,《道路运输车辆技术管理规定》(交通运输部令2016年第1号)对维护制度进行了重大改革,将车辆维护的主动权交还运输经营者,由运输经营者自行确定维护周期,并自行组织实施,取消了强制进行二级维护竣工质量检验的规定,最大限度地提高经营者的安全责任意识。

车辆维护主要依据《汽车维护、检测、诊断技术规范》(GB/T 18344)、《压缩天然气汽车维护技术规范》(GB/T 27876)、《液化石油气汽车维护技术规范》(GB/T 27877)等标准进行。在维护作业方面,要求维护企业严格执行维护工艺规范,不得随意漏项、减项。在质量管理方面,严格执行维护前检验、过程检验和竣工检验,把握关键工位、工序质量控制,坚持人工检查与仪器设备检验相结合,确保车辆各项性能达标。

3. 汽车综合性能检测及技术等级评定制度

汽车综合性能检测是交通运输主管部门按照《节约能源法》《道路运输条例》等法律法规及部门规章、地方道路运输条例,以及《国务院关于加强道路交通安全工作的意见》(国发〔2012〕30号)和《国务院办公厅印发贯彻落实国务院关于加强道路交通安全工作意见重点工作分工方案的通知》(国办函〔2012〕211号)等重要文件,依法履行营运车辆准入、监管和退出管理职责的重要方式和手段,是核发道路运输证的重要依据,具体工作由汽车综合性能检测站实施。

20世纪80年代中期,营运车辆技术管理在实施过程中遭遇了新的情况和问题,与法律法规、规章制度和技术标准的适应性矛盾日益突出,引发了交通事故和污染物排放等一系列社会问题,车辆技术恶化导致交通事故频繁发生,给社会和家庭带来了深重灾难和经济损失。为切实解决上述问题开始实施汽车综合性能检测,主要依据《道路运输车辆综合性能要求和检验方法》(GB 18565)、《道路运输车辆技术等级划分和评定要求》(JT/T 198)等标准,对营运车辆的安全性、动力性、经济性和可靠性进行检测与评价。汽车综合性能检测制度的实施,对引导我国商用车制造技术进步,提高装备质量水平,调整运输车辆运力结构等起到了积极的作用,有力地提高了交通安全水平,极大地降低了能源消耗和污染物排放。

4. 货运汽车及汽车列车推荐车型制度

为加快道路货运车辆结构调整和技术进步,促进道路运输装备的现代化,鼓励节能降耗,保障货物运输安全、高效,根据国家有关法律法规和治理车辆超限超载工作要求,2005年,交通部印发《关于发布货运汽车及汽车列车推荐车型工作规则的通知》(交公路发〔2005〕170号),据此确立了货运汽车及汽车列车车型推荐制度,引导货运车辆结构调整。

推进传统道路运输转型升级的突破口就是车型标准化。当前我国道路运输车型过于庞杂、车型标准化程度过低,已成为影响传统道路运输转型升级的重要因素。

首先,严重影响了先进组织模式的推广应用。以货运车型为例,欧美发达国家货运车型只有30余种,而我国货运车型高达2万多种,车型标准化率不足50%。以甩挂运输为例,甩挂运输所需的牵引车、半挂车车型庞杂,仅牵引车的车型就有800多个。其中,排名前10的车型仅占市场份额的18%;牵引车与挂车的连接和匹配缺乏标准规范,这些问题导致牵引车与半挂车在甩挂运输过程中"挂不上、拖不了",严重制约了甩挂运输大范围推广,特别是跨企业、跨行业间的甩挂运输。车型标准化的不足,导致大量货运车辆与其他运输工具不能高效换装转运,制约了甩挂运输、多式联运等先进组织模式的应用,增加了物流成本。其次,严重影响了行业安全生产。我国货车保有量占机动车保有量总数的7.8%,但货车肇事导致的死亡人数约占交通事故死亡总数的28%。2013年,我国营运货运车辆万车肇事起数和死亡人数,分别为全社会平均水平的2.8倍和4.6倍。从实践看,一些货车生产企业为迎合运输经营者不合理需求,擅自变更车辆自重、外廓尺寸等重要参数,车辆生产一致性较差;车辆非法改装非常普遍,一些地方非法改装竟成规模化产业,并且长期得不到有效治理;受非法改装等因素影响,货运价格长期扭曲,陷入"超限超载、越罚越超"的恶性循环,使治超久治不愈,也给道路交通安全带来严重隐患。

交通运输部、国家发展和改革委员会、公安部、海关总署和保险监督管理委员会等5部门出台的《关于促进甩挂运输发展的通知》(交运发〔2009〕808号)明确提出,要组织制定和推广应用牵引车、挂车连接的相关技术标准,引导制造企业严格执行国家统一标准生产牵引车和挂车,并且公布了3批推荐车型。

第二节 道路运输车辆技术管理规范

本节结合《道路运输企业车辆技术管理规范》(JT/T 1045—2016),介绍道路运输企业车辆技术管理规范。

一、车辆技术管理的主要内容

(一)车辆技术管理的内涵及目的

车辆技术管理是指按照国家法律法规、标准规范和企业规章制度,对车辆实行择优选配、正确使用、周期维护、视情修理、定期检测和适时更新的全过程管理所开展的一系列技术活动的总称。

车辆技术管理的目的是为运输提供安全、优质、高效、低耗、及时、舒适的运输支撑,保证车辆在使用中的良性循环,确保车辆运行安全,使车辆更好地为运输生产和人们生活服务。

(二) 车辆技术管理的主要内容

道路运输企业对本单位的道路运输车辆管理工作全面负责,是道路运输车辆技术管理的责任主体。其主要职责包括:保证本单位车辆技术管理所需的资金投入;建立、健全本单位车辆技术管理责任制,组织制定本单位的车辆技术管理规章制度和操作规程;组织制订并实施本单位车辆技术管理教育和培训计划;督促、检查本单位的车辆技术管理工作,及时消除车辆技术事故隐患;组织制定并实施本单位的车辆技术事故应急预案;及时、如实报告车辆技术事故等。道路运输企业的主要负责人应依法履行自己在车辆技术管理方面的职责,做好本单位的车辆技术工作。

车辆技术管理,就是对道路运输车辆实行择优选配、正确使用、周期维护、视情修理、定期检测和适时更新的全过程管理,保证投入道路运输经营的车辆符合技术要求。具体而言,车辆的择优选配是车辆的前期管理;车辆的正确使用、周期维护、视情修理和定期检测属于车辆的中期管理;车辆的适时更新则是车辆的后期管理,而贯穿其中的车辆技术档案管理则是进行上述各阶段管理的有效工具,也属于车辆技术管理的范畴。

1. 择优选配

道路运输企业应该根据本区域道路、气候、海拔高度、车辆燃料供给情况等综合因素,结合所购车辆用途、承担的主要运输任务及运输量,科学选择适合自己使用条件的车辆,优先选择技术先进、可靠性高、维修方便、节能环保的车辆。

首先,遵循依法经营的原则。道路运输经营者应依据相关法规和技术标准,选择燃料消耗量达标车型投入道路运输经营。在车辆选购时充分考虑所购车辆是否符合道路运输燃料消耗量达标要求,通过经销商、管理部门、汽车综合性能检测机构及相关网站等获取预购车型燃料消耗量达标信息,确保所购车辆满足相关要求。其次,道路运输经营者应根据经营范围、经营类别、营运线路长度,依据有关标准选购与所从事的道路运输要求相对应的车辆。最后,道路运输经营者应优先选择交通运输部推荐车型,从事甩挂运输的道路运输经营者应依据相关技术标准和规范选择推荐车型,确保甩挂运输的安全及效率。

2. 正确使用

道路运输企业按照国家和行业标准或规范,参考车辆出厂使用说明书、维修手册等技术资料,正确使用车辆,确保车辆技术效能得到最大限度发挥。道路运输车辆的正确使用涉及车辆的规范驾驶操作、燃料和润滑油(脂)的正确选择、轮胎的正确选用等。

正确使用包括道路运输车辆的管、用、养、修的各个方面。首先,要确保车辆驾驶操作规范性,确保严格按照车辆使用说明书的规定使用和操作车辆;其次,在高寒、湿雨、冰雪、高海拔、山区等特殊运行条件下,严格遵循车辆使用说明书及选购驾驶标准和规范的要求对车辆的燃料、润滑油(脂)、蓄电池、轮胎及应急物品进行管理和使用;再次,对车辆维护、修理及检测编制符合实际的作业计划,落实周期维护、视情修理和定期检测,始终保持车辆良好技术状况;最后,建立健全完善的技术经济考核指标体系和运行管理制度,科学合理考核和统计车辆各项技术经济指标,为安全生产提供高效服务。

3. 周期维护

道路运输企业根据车辆类别、运行状况、行驶里程、道路条件、使用年限等因素有规律地组织车辆维护作业,以保持车辆经常处于最佳运行技术状态,包括日常维护、一级维护和二级维护。

道路运输经营者应遵循《汽车维护、检测、诊断技术规范》(GB/T 18344)、《使用乙醇汽油车辆检查、维护技术规范》(GB/T 25349)、《压缩天然气汽车维护技术规范》(GB/T 27876)、《液化石油气汽车维护技术规范》(GB/T 27877)、《液化天然气汽车维护技术规范》(JT/T 1009)等国家和行业标准的规定,结合车辆出厂使用说明书、维修手册及车辆使用强度,由经营者自行编制科学、合理、实用的车辆维护计划,并负责组织实施。

4. 视情修理

道路运输企业根据车辆进厂报修、诊断检测、综合分析后的技术评定确定修理项目,按不同作业范围和作业深度进行修理。视情修理是随着汽车高科技特征和汽车检测诊断技术的发展而提出的。要求道路运输经营者认真贯彻落实维护、检测、诊断制度,依据检测诊断和技术鉴定,确定维修项目,避免过度维修或延迟维修。

视情修理体现了以下基本实质:一是改定性判断为定量判断,确定维修作业的方式由以车辆行驶里程为基础,改变为以车辆实际技术状况为基础;二是使用高科技检测手段,送修车辆的检测诊断和技术评定,是实现车辆视情维修的重要保证;三是体现了技术与经济相结合的原则,避免了拖延维修造成车况恶化,也防止了提前维修造成的浪费。视情修理落实的关键,是检测诊断设备、仪器的应用。近年来,汽车综合性能检测站的建立和汽车维修检测诊断技术的普及,为视情修理创造了客观条件。落实视情修理,要依靠科技进步,同时也离不开汽车运输、维修检测企业认真执行《车辆规定》及相关管理规章和技术标准。

5. 定期检测和适时更新

定期检测是指道路运输经营者应该严格按照《车辆规定》要求对车辆进行综合性能检测。道路运输车辆使用时有一定的规律,同时与车辆的使用环境、操作和维护与修理有着密切联系。一是随着使用里程或时间的延长,部分机件间的配合关系势必发生变化,进而影响车辆的技术经济指标,包括车辆的动力性、经济性和可靠性指标。二是通过定期检测来确定车辆具体技术状况,依据检测结果确定车辆维护或修理作业项目,实现车辆全寿命周期内的消耗指标最佳。三是道路运输行政许可要求道路运输车辆必须定期进行车辆技术等级评定。

车辆更新是以新车辆或高效低耗、性能先进的车辆更换在用车辆。适时更新是运输车辆全过程管理不可或缺的环节,是提高车辆技术状况、降低运行消耗、增加经济效益的重要措施,以维持道路运输不断发展。车辆适时更新是技术与经济相结合原则的体现。

二、车辆技术管理机构和管理制度

(一)机构设置与人员配备

为充分发挥道路运输经营者车辆技术管理责任主体的主观能动性,《车辆规定》第十一条规定："鼓励道路运输经营者设置相应的部门负责车辆技术管理工作，并根据车辆数量和经营类别配备车辆技术管理人员，对车辆实施有效的技术管理。"道路运输企业应按照《道路运输企业车辆技术管理规范》（JT/T 1045—2016）的要求，设置车辆技术管理机构，并根据车辆数量和经营类别配备车辆技术管理人员，对车辆实施有效的技术管理。这是道路运输经营者加强车辆技术管理的有效举措，有助于各项制度的落实。

1. 机构设置

危险货物运输企业、拥有 10 辆（含）以上营运车辆的道路旅客运输企业和拥有 30 辆（含）以上营运车辆的普通货物运输企业，应设置专门的车辆技术管理机构。

2. 人员配备

（1）上述企业应配备技术负责人和车辆技术管理人员。技术负责人由企业管理层成员或法定代表人授权人员担任，全面负责单位车辆技术管理工作。

（2）达不到上述车辆数的运输企业可不设置专门的车辆技术管理机构，但应配备车辆技术管理人员。

（3）危货运输车、客车每 50 辆车配 1 人，不足 50 辆的至少配备 1 人；普通货车每 100 辆车配 1 人，不足 100 辆的至少配备 1 人。企业同时经营道路旅客运输、普通货物运输、危险货物运输的，配备标准按照上述标准分别测算。运输普通货物的挂车按普通货车单计，运输危险货物的挂车按危货运输车单计。

（4）人员条件。技术负责人应熟悉与道路运输生产相关的政策法规、标准规范、车辆技术及管理知识，并具备以下条件之一：

①大专及以上学历；

②工程师及以上专业技术职称或技师以上专业技能等级；

③3 年以上道路运输行业从业经历。

车辆技术管理人员应熟悉与道路运输生产相关的政策法规、标准规范和汽车构造、使用与维修等知识，并具备以下条件之一：

①中专及以上学历；

②助理工程师及以上专业技术职称或中级工及以上专业技能等级；

③2 年以上道路运输行业从业经历。

（二）管理制度

道路运输企业要严格遵守《安全生产法》《节约能源法》《道路运输条例》《道路旅客运输及客运站管理规定》《道路货物运输及站场管理规定》《危规》和《车辆规定》等有关法律法规，以及《汽车维护、检测、诊断技术规范》（GB/T 18344）、《道路运输车辆技术等级划分和评定要求》（JT/T 198）等标准和规范，建立并落实车辆使用、维护、检测评定、技术档案、燃料消耗量考核等管理制度，加强车辆技术管理，保障车辆技术状况处于良好状态，确保车辆运行安全高效、节能环保。道路运输经营者应该根据国家、行业和地方技术标准要求，充分考虑自身车辆配置和使用状况，以及其他相关情况，科学合理地制定本单位的车辆技术管理相关

制度和维修工艺规范,并保证其有效实施,有的放矢地开展车辆技术管理工作。主要管理制度有:

1. 教育培训制度

运输企业要重视车辆技术管理人员的岗前培训、在岗培训和继续教育,要建立车辆技术管理培训制度,明确培训组织部门及工作职责、培训内容、培训形式、学时要求和培训考核等内容。教育和培训要有针对性、实用性、计划性和多样性,要针对不同类型的人员及层次,区别不同的内容和形式。

2. 采购管理制度

运输企业要建立完善车辆采购管理制度,明确技术、运营、财务等相关部门的工作职责,车辆采购要有计划性,要根据运输任务需求,提出车辆新增或更新的采购计划;要根据车辆的用途、运量、运距和道路、气候及燃料供应等条件,进行充分的技术论证,重点论证拟选车型的容载量、动力性、安全性、环保性、经济性、通过性、可靠性及维修方便性等;要按照本单位车辆采购流程严格控制每个质量环节,签订采购合同。

3. 车辆能源消耗管理制度

车辆能源消耗量在运输成本中占有较大比例(一般占 1/3,甚至更高)。因此,加强燃料管理、堵塞漏洞、降低消耗对于降低企业成本至关重要。

运输企业都要严格按照国家节能方针和政策,从制度入手对能耗实行精细化管理。建立和完善能源管理制度,明确管理部门及职责、采购管理、供应管理与结算、燃料质量管理与储存、燃料消耗管理等内容和要求,车属单位应制定燃料统计考核管理办法,应根据车辆类型、使用条件、载货(客)量和能源类别等,依据相关标准合理制定能源消耗定额,加强燃料消耗的日常管理,不断完善燃料消耗的奖励、考核制度。要建立车辆能源消耗管理台账,逐月记录车辆的行驶里程、能源消耗量和载客(货)量等基础数据,定期统计分析能源消耗量盈亏情况,并根据考核结果实施奖惩。

4. 车辆轮胎管理制度

轮胎是关系车辆安全行驶、节约能源、降低运输成本的重要部件。运输企业要建立轮胎管理制度,明确管理部门及职责、采购、仓储、领用、维修、报废、定额指标和统计考核。要遵循择优选配、正确使用、周期维护、视情修理、适时报废的原则实施轮胎管理;要建立轮胎管理台账,准确记录轮胎的厂牌、规格、胎号、换装日期及维修、报废信息,定期登记实际行驶里程、累计行驶里程;要根据车辆类型、使用条件和轮胎性能等合理制定轮胎行驶里程定额指标,定期统计考核。

5. 车辆维护管理制度

运输企业要贯彻国家车辆维护管理制度,要依据规定制定本单位的车辆维护管理办法,内容包括维护管理部门及职责、作业分类、质量管理、定额指标和统计考核要求。企业内设修理厂的还应包括安全管理、维修车间及班组管理、工具管理、计量器具管理等。

要依据国家相关标准以及车辆维修手册、使用说明书等技术文件,结合车辆类别、运用状况、行驶里程、道路条件、使用年限等因素，合理确定车辆维护周期(用维护间隔时间或间隔里程表示)，科学确定维护作业项目。要根据车辆维护周期要求，制订车辆维护计划，定期组织实施，并做好维修记录。

6. 车辆检测评定管理制度

运输企业要建立车辆检测评定管理制度，内容应包括部门及职责、检测类别、检测站资质条件、检测合同管理等。企业内设检测站的，还应包括安全管理、质量管理、计量器具管理等内容和要求。

7. 车辆技术档案管理制度

车辆技术档案是指车辆从新车购置到报废整个运用过程中，记载车辆基本情况、主要性能、运行使用情况、主要部件更换情况、检测和维修记录，以及事故处理等有关车辆资料的历史档案。

车辆技术档案是了解车辆性能、技术状况及变化原则，掌握车辆使用、维修规律的档案，为车辆维修、改造和配件储备提供依据。可以为评价技术管理水平的高低提供依据；还可为汽车制造厂提高制造质量提供反馈信息。因此，它是车辆技术管理中一项重要的基础管理工作。

道路运输企业应当建立车辆技术档案制度，实行一车一档。档案内容应当主要包括：车辆基本信息、车辆技术等级评定、客车类型等级评定或者年度类型等级评定复核、车辆维护和修理(含《机动车维修竣工出厂合格证》)、车辆主要零部件更换、车辆变更、行驶里程、对车辆造成损伤的交通事故等记录。档案内容应当准确、翔实。车辆所有权转移、转籍时，车辆技术档案应当随车移交。

道路运输企业应运用信息化技术做好道路运输车辆技术档案管理工作。

8. 车辆技术管理考核制度

运输企业要建立车辆技术管理考核制度，明确内容包括考核部门及职责、考核周期、考核内容、考核方法和奖惩措施。

车辆技术管理考核原则上每年 1 次，考核范围应包括本单位分、子公司及车辆技术管理相关部门。考核内容应包括机构设置及人员配备情况、人员培训情况、制度建设及执行情况、技术档案管理情况、年度技术质量目标完成情况等。

要制定车辆技术管理考核的标准或细则，在每年初制定当年车辆技术管理的技术质量目标，并层层分解到具体部门和岗位。对开展车辆技术进步、安全管理、节能减排工作成绩显著的单位和个人应给以表彰或奖励；对不重视车辆技术管理工作的单位和个人应给以批评教育或处罚。

(三) 人员培训

车辆技术管理各项制度和措施最终都要落实到驾驶人员和修理工等一线从业人员身上，而一线从业人员业务素质和技能水平高低直接影响着车辆技术管理水平和行车安全、运输效能、节能环保等方面。为此，道路运输经营者作为车辆技术管理的责任主体，应当加强从业人员对车辆使用、维修、安全和节能等方面的业务培训,使从业人员掌握相关业务知识或能力,从而提升从业人员的业务素质和技能,确保车辆处于良好的技术状况,实现安全优质、高效的经营目标,这是道路运输企业落实车辆技术管理制度的基础性工作,也是道路运输企业应尽的义务和责任。

三、车辆使用管理

车辆使用管理的好坏将决定使用成本,使用管理的重点在车辆日常维修及燃料定额考核。

(一) 车辆选型

道路运输经营者应优先选购安全、节能、环保型车辆。研究表明,环境污染已经达到了危害人类健康生存的程度,车辆拥挤、交通事故频发、出行难的局面日益加剧;资源浪费加剧、能源枯竭的危机越来越严重。这些均对汽车产业的发展提出了新的要求,也对道路运输车辆选购提出了要求,要求道路运输经营者必须选择安全、节能、环保型车辆,以确保运输生产安全、降低运输成本、减少环境污染。

1．选型原则

1)生产适用

生产适用是指因地制宜选购车辆,有三层含义。一是选购的车辆要符合企业生产需要和线路运输经营的要求。一般来说,危货运输企业在车辆购置前,要根据危货种类、运输量选择适合的危货运输车型及车辆。选购车辆之前首先要充分考虑这些因素,避免盲目采购,造成车辆闲置;同时要制订企业车辆发展规划,做到有计划购置车辆,避免盲目增加运力,保持运力与运量的基本平衡。二是选购的车辆要充分考虑车辆的使用条件,避免购置的车辆"用不了",或者不能充分发挥其效能,造成不必要的浪费。三是选购的车辆要能调整运力结构,合理选配不同的车辆类型,保持各类车辆(如大型、中型、小型车)的最佳比例关系。

2)技术先进

技术先进是指车辆的可靠性、安全性、耐用性、节能性、环保性以及动力性等技术性能良好,并在时效性方面能满足技术发展要求,而不是盲目追求"高、大、精、尖、新"。汽车应有防止或减少道路交通事故的能力和发生事故后汽车本身减轻人员伤亡或货物受损的保护力,满足相关标准对制动转向、照明信号、后视镜、下视镜、遮阳板、刮水器、防雾除霜装置、牵引连接装置、侧面和后面的防护装置、安全带、安全出口、灭火器和安全架等装置的全部要求;同时,车辆类型应符合国家、行业节能和环保要求,可通过比较配置相当的同类车型的燃料经济性、排放性进行选购。

3)经济合理

经济合理是指既要考虑车辆的购置费用,又要考虑车辆使用过程中维持运转的费用,选配寿命周期总费用最低的车辆。要根据投放线路的道路条件、客流特点及运价等因素,确定合适的车辆价位及档次,做到技术与经济相结合,充分考虑企业的经济承受能力和投资回报率。不能一味追求高档次客车,由于投资太大,影响投资回报率,也不能只选择低价位、低档次的车辆,造成技术性能达不到运输服务的要求,影响运输生产经营。应选择技术性能可靠、稳定的产品,在此基础上选择性价比高的车型。往往可以购买运输市场占有率较多的车型,对厂家推出的新车型,要谨慎选购,做好充分的调研工作。

4)维修方便

汽车在使用过程中,不可避免地要发生故障或损坏。为了恢复其工作能力,需对汽车进行不同程度的维修,因此,车辆选型应考虑维修方便性。一是整车厂承诺的质保期和质保项目;二是维修配件价格及供应及时性;三是维修技术难度以及整车厂提供的技术支持能力;四是维修工时费;五是故障发生率和故障间隔里程。车辆技术水平越先进,设备越复杂,对维护及修理的设备和人员水平要求就越高,需专门的检测诊断设备才能进行维护与修理。在选购车辆时,除考虑满足性能及使用需要外,还应结合自身的使用、管理水平,以及本地区本企业配套的维修企业的设备及技术水平,确定所选车型。

2. 配置要求

《道路运输车辆综合性能要求和检验方法》(GB 18565—2016)中规定,申请从事道路运输的车辆应满足以下要求。

(1)M_2、M_3类客车、N_2和不超过四轴的N_3类货车、危险货物运输车、O_3和O_4类挂车以及乘用车应安装符合《机动车和挂车防抱制动性能和试验方法》(GB/T 13594—2003)规定的防抱制动装置,并配备防抱制动装置失效时用于报警的信号装置。

(2)车长大于9m的客车(按名义尺寸,以下同)和危险货物运输车辆,其前轮应装有盘式制动器。

(3)车长大于9m的客车、N_3类货车、危险货物运输车辆应装有缓速器或其他辅助制动装置。

(4)M_2、M_3类客车、N_2和N_3类货车、O_3和O_4类挂车、乘用车以及危险货物运输车辆,其所有的行车制动器应装有制动间隙自动调整装置。

(5)采用气压制动的车辆应装有气压显示装置、限压装置,并可实现报警功能。气压制动系应安装保持压缩空气干燥或油水分离的装置。

(6)车长大于9m的客车和危险货物运输车辆应装用子午线轮胎,卧铺客车应装用无内胎子午线轮胎。

(7)客车的所有座椅、货车驾驶人员座椅和前排乘员座椅应配备符合《机动车乘员用安全带、约束系统、儿童约束系统 ISOFIX 儿童约束系统》(GB 14166)要求的安全带,其固定点应符合《汽车安全带安装固定点、ISOFIX 固定点系统及上拉带固定点》(GB 14167)的要求。

(8)客车和危险货物运输车辆应具有限速功能,否则应配备限速装置。车辆限速系统应符合《车辆车速限制系统技术要求》(GB/T 24545)的要求,限速功能和限速装置调定的最大速度应符合有关规定。

(9)旅游客车、包车客车、三类及以上班线客车、危险货物运输车辆、N_3类载货汽车和半挂牵引车应装有具有行驶记录功能并符合《汽车行驶记录仪》(GB/T 19056)和《道路运输车辆卫星定位系统 车载终端技术要求》(JT/T 794)规定的卫星定位系统车载终端。

(10)客车在设计和制造上应保证发动机或采暖装置的排气不会进入客厢,封闭式客车应有通风换气装置。

(11)客车应设置车厢灯和门灯。车厢灯和门灯不应影响本车驾驶人员的视线和其他机动车的正常行驶。

(12)转向轴最大设计轴质量大于4000kg时,应装有转向助力装置。

3.性能要求

(1)动力性。

(2)燃料经济性

(3)冷、热态制动效能。

(4)排放性。

(5)行驶稳定性。

《道路运输车辆综合性能要求和检验方法》(GB 18565—2016)对上述部分要求规定了实施过渡期。

(二)节能管理

道路运输企业要严格执行车辆能源消耗管理制度,认真建立完善能源消耗管理台账,做好能源消耗统计和考核、奖惩。同时,要做好驾驶人员等相关人员节能意识培养及节能操作技能培训,全面提升驾驶员队伍的节能操作水平,确保汽车降低运行消耗、减少环境污染。其要点如下:

1.脚轻手快

指踩加速踏板要轻不能猛,要慢加油,避免动作过猛使真空省油器和加速泵动作而加浓混合气,使油耗增加。换挡要快,尽可能及早换入高速挡,不要在低速挡上久拖,一般情况下并不一定要让汽车蹿起来再换挡,只要高速挡能正常运行即可,在一般情况下,用二挡起步,五秒钟内应换入三挡,稍加速即可换四挡、五挡。

2.恰当选择挡位

换挡的目的一个是使车轮保持一定承担力,另一个目的就是使发动机经常处于经济转速。在同一车速下,高挡位比用低挡位省油,在同一发动机转速下用高挡位比用低挡位车速高。因此,应不怕麻烦,只要能采用高速挡行驶时,应尽量采用车速较高的一挡。如道路状况较差,车辆不能高速行驶,则应恰当地选择挡位,使允许通过的车速与发动机的经济转速相配合,即当阻力增大,发动机转速下降时,及时地换入低挡位,以增加扭矩,使发动机转速稳定并回升到最小比油耗转速范围。当行驶阻力减小,发动机转速上升时,及时地换入高挡位,使发动机转速回降并稳定在最小比油耗转速区域,以达到节油目的。

3.安全合理滑行

滑行是利用汽车的动能或势能将汽车推向前进,分为下坡滑行、减速滑行和加速滑行。

（1）加速滑行是人为地为车辆加速,使车辆速度保持在经济车速范围内工作,在车速超过经济车速20%～25%时开始滑行,当车速降低到经济车速以下20%～25%时再加油增速,如此循环的一种滑行方式。但这种滑行方式有一定的条件限制,例如在拥堵路段没办法实施。

（2）合理运用坡道滑行和停车前先滑行,是人们节油滑行的常用方法,应该值得推广。合理运用坡道,熟悉道路情况是前提,采用滑行节油,要特别注意保证安全,下长坡、陡坡严禁脱挡滑行,除预定停车而作的减速滑行外,不得熄火滑行。另一方面,现在城区道路较堵,在能充分估计每次能行驶的距离及速度时,也应用惯性滑行。

4.合理使用制动

经常使用制动,油耗会显著增高,制动次数越多,油耗越高。一个优秀的驾驶人员能够事先估计障碍及车速,尽量少用制动,提前松抬加速踏板降低车速,平稳通过,且不急转转向盘,因为会增加车辆车轮的行驶阻力,增加油耗。

（三）轮胎管理

轮胎是车辆行驶系的主要部件,其性能优劣直接影响车辆的动力性、通过性、制定稳定性和舒适性。合理使用轮胎,延长轮胎的使用寿命,是降低运输成本和保证车辆正常运行的重要措施之一。

1.轮胎规格

轮胎规格是轮胎几何参数与物理性能的标志数据。常见的轮胎规格型号如图2-2所示。

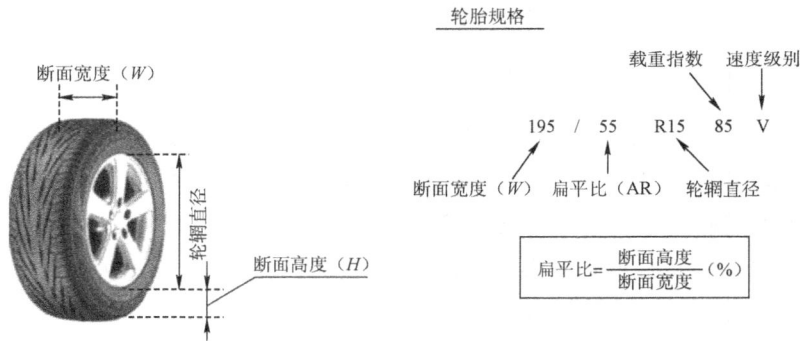

图2-2 轮胎的型号标记

轮胎型号标记大多为:195/55R15 85V,其中:195表示轮胎断面宽度,单位是毫米（mm）;55是扁平比,即轮胎胎壁高度和轮胎断面宽度的比例为55%;R是英文Radial的缩写,表示轮胎为子午线轮胎;15是轮辋直径为15英寸;85为载重指数（或称负荷指数）,代表单个轮胎最大载重515kg。V为速度级别,常用的速度等级有:Q（160km/h）、R（170km/h）、S（180km/h）、T（190km/h）、H（210km/h）、V（240km/h）、W（270km/h）、Y（300km/h）等。

2.正确选择轮胎

正确选用轮胎,能降低轮胎的磨损速度,防止轮胎不正常的磨损和损坏,延长轮胎使用寿命,提高汽车行驶安全性。

1)类型

根据车型、行驶条件等选择不同结构的轮胎,比如货车常选用高强度尼龙帘布轮胎,可提高轮胎的承载能力。子午线轮胎的结构特性使其比斜交轮胎有附着性能好、滚动阻力小、使用寿命长、油耗较低、缓冲性能好、负荷能力较大、散热性能好等优势,车长大于9m的客车和危险货物运输车辆应装用子午线轮胎,卧铺客车应装用无内胎子午线轮胎。

2)花纹

根据道路条件、行车速度等选取不同花纹的轮胎。经常高速行驶的车辆不宜采用加深花纹和横向花纹的轮胎,防止轮胎过分生热容易造成早期损坏;经常低速行驶的车辆宜选用加深花纹或超深花纹轮胎。

3)承载能力

根据《机动车运行安全技术条件》(GB 7258—2017)的要求,总质量大于3500kg的货车和挂车(封闭式货车、旅居挂车等特殊用途的挂车除外)装用轮胎的总承载能力应小于或等于总质量的1.4倍。

4)翻新轮胎

客车和危险货物运输车辆的所有车轮不得装用翻新轮胎,其他车轮的转向轮不得装用翻新轮胎,其余车轮使用翻新轮胎应符合《载重汽车翻新轮胎》(GB 7037—2007)等标准和法规的规定。符合标准的翻新轮胎具有胎面磨耗标志,具备"RETREAD"或"翻新"等字样,标注翻新次数、翻新批号或胎号,具有出厂检验印记等特征。

5)轮胎速度级别

根据《机动车运行安全技术条件》(GB 7258—2017),机动车所装用轮胎的速度级别不应低于该车最大设计车速的要求。

3.合理搭配轮胎

《机动车运行安全技术条件》(GB 7258—2017)明确规定:"同一轴的轮胎规格和花纹应相同,轮胎规格应符合整车制造厂的规定。"原因是同轴两侧轮胎的花纹不一样会埋下行车安全隐患,造成轮胎的摩擦系数、抓地力和磨损速度不同,在紧急制动时因为各车轮制动力不一致容易发生侧滑,同时也会使轮胎超载并产生早期磨耗,影响安全和轮胎的经济性。所以,换装新胎时,应尽量做到整车或同轴同换。

4.轮胎磨损控制要求

在使用过程中应密切关注轮胎花纹的磨耗情况。轮胎胎面的磨耗标志是轮胎的安全标识之一,所有轮胎设计时在花纹沟底部都有安全花纹深度标志——磨耗标志(图2-3)。当胎面磨损到磨耗标志时,轮胎的防滑性能、抓地力性能已经消失,必须更换轮胎以保行车安全。

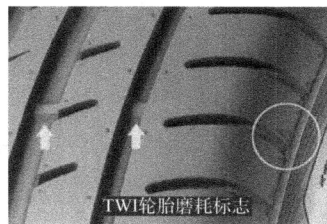

图2-3 轮胎胎面磨耗标志

根据《机动车运行安全技术条件》（GB 7258—2017）的要求，乘用车、挂车轮胎胎冠花纹上的花纹深度应大于或等于 1.6mm，其他机动车转向轮的胎冠花纹深度应大于或等于 3.2mm，其他轮胎胎冠花纹深度应不大于或等于 1.6mm，如图 2-4 所示。

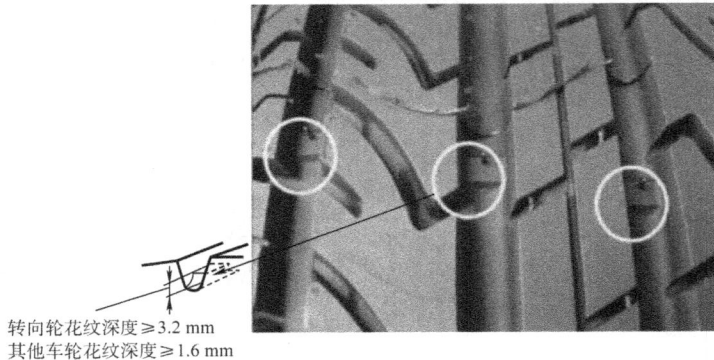

转向轮花纹深度 ≥3.2 mm
其他车轮花纹深度 ≥1.6 mm

图 2-4　胎冠花纹深度要求

胎面不应有局部磨损而暴露出轮胎帘布层。轮胎不应有影响使用的缺损、异常磨损和变形。同时，轮胎胎面和胎壁上不应有长度超过 25mm 或深度足以暴露出轮胎帘布层的破裂和割伤。这是因为当轮胎有严重破裂、脱层、割伤或者局部磨损时，无法对轮胎气密层提供有效保护，车辆在高速行驶时易发生爆胎等事故，因此，在车辆使用过程中，发现轮胎存在上述隐患时必须及时更换。

5. 充气压力要求

轮胎气压是指轮胎处于常温时所采用的气压，应经常检查轮胎气压并及时充气，尤其是长途高速行驶及夏季行车时，应保持正常的轮胎气压。轮胎气压是决定轮胎使用寿命和工作好坏的主要因素，高于或低于标准气压都会缩短轮胎的使用寿命，增加汽车运行油耗。轮胎气压不能低于标定气压，最高气压一般不能高出标定气压 30kPa。此外，根据《机动车运行安全技术条件》（GB 7258—2017）的要求，轮胎负荷不应大于该轮胎的额定负荷，轮胎气压应符合该轮胎承受负荷时规定的压力。具有轮胎气压自动充气装置的汽车，其自动充气装置应能确保轮胎气压符合出厂规定。

（四）车辆使用

危险货物道路运输经营者应当建立专用车辆技术管理制度。危险货物道路运输经营者车辆技术档案主要内容为：车辆基本情况、主要部件更换情况、修理和二级维护记录（含出厂合格证）、技术等级评定记录、车辆变更记录、行驶里程记录、交通事故记录等。经营者应当确保相关内容的记载及时、完整和准确，不得随意更改。专用车辆办理过户变更手续时，危险货物道路运输经营者应当将专用车辆技术档案完整移交。

危险货物道路运输经营者对达到国家规定的报废标准或者经检测不符合国家强制性标准要求的专用车辆，应当及时交回《道路运输证》，不得继续从事道路货物运输经营。

第三节　道路运输车辆维护、更新、报废

本节详细介绍道路运输车辆的维护、更新、报废等知识。

一、车辆维护

(一)基本概念

1. 车辆维护的内涵

车辆维护是指道路运输车辆运行到国家有关标准规定的行驶里程或技术状况下降到一定的标准,为确保车辆完好的技术状况或工作性能,必须按期执行的维护作业。

2. 汽车维护分类

道路运输企业应当按照"正确使用、定期维护、视情修理"的原则来开展车辆维护工作。根据运行间隔期和车况下降状况,确定不同的作业内容,汽车维护分为走合维护、季节性维护和一、二级维护。

(1)走合维护:是指汽车在走合期内实施的维护。主要作业内容除做好日常维护外,要检查、紧固外露螺栓、螺母,注意各总成在运行中的声响和温度变化,及时进行适当的调整。走合期满,各总成应更换润滑油,并注意清洗,连接件要进行紧固,对各部间隙进行调整。

(2)季节性维护:是指为使汽车适应季节变化而实施的维护。车辆在不同的季节,不同的部件、部位易出现不同的故障,应根据季节的变化关注车辆换季维护。如夏季气温高、雨水多,车辆因天气原因造成润滑油的变质、车辆爆胎、制动性能变差等情况,应加强对车辆轮胎、润滑油的维护。秋冬天气寒冷,气候干燥,应加强对车辆防冻液、机油、蓄电池、暖风系统的检查,及时检查防冻液、更换发动机机油等,使汽车迅速适应变化的气候条件。通常季节性维护可结合定期维护一并进行。主要作业内容是更换润滑油,调整油路、电路和对冷却系统的检查维护等,并附加一些相应的作业项目。

(3)一、二级维护:是指按技术文件规定的运行间隔和车辆技术状况所实施的维护作业,包括一级维护和二级维护。

①一级维护:除日常维护作业外,以润滑、紧固为作业中心内容,并检查有关制动、操纵等系统中的安全部件的维护作业。

②二级维护:除一级维护作业外,以检查、调整制动系、转向操纵系、悬架等安全部件,并拆检轮胎,进行轮胎换位,检查调整发动机工作状况和汽车排放相关系统等为主的维护作业。

(二)车辆维护作业

1. 日常维护

1)基本要求

日常维护是指由驾驶员在每日出车前、行车中和收车后负责执行的车辆维护作业。其作业中心内容是清洁、补给和安全检视。

由驾驶员完成的日常性的维护工作，主要内容包括：

（1）坚持"三检"，即在出车前、行车中和收车后，检查车辆的安全机构及各部件连接、紧固的情况；

（2）保持"六洁"，即保持发动机、润滑油、空气滤清器、燃油滤清器、蓄电池和储气筒的清洁；

（3）防止"四漏"，即防止漏水、漏油、漏气和漏电；

（4）保持车容整洁。

2）作业项目

日常维护作业项目及技术要求见表 2-1。

日常维护作业项目及技术要求   表 2-1

序号	作业项目	作业内容	技术要求	维护时间
1	车辆外观及附属设施	检查、清洗车身	车身外观及车厢内部整洁，车窗齐全、完好	出车前或收车后
		检查后视镜，调整后视镜角度	后视镜完好、无损毁，视野良好	出车前
		检查灭火器、客车安全锤	灭火器配备数量及放置位置符合规定，且在有效期内。客车安全锤配备数量及放置位置符合规定	出车前或收车后
		检查安全带	安全带固定可靠、功能有效	出车前或收车后
		检查风窗玻璃刮水器	刮水器各挡位工作正常，清洗液充足	出车前
2	发动机	检查发动机润滑油、冷却液液面高度，视情补给	油（液）面高度符合规定	出车前
3	制动	制动系统自检	自检正常，无制动报警灯闪亮	出车前
		检查制动液液面高度，视情补给	液面高度符合规定	出车前
		检查行车制动、驻车制动	行车制动、驻车制动功能正常	出车前
4	车轮及轮胎	检查轮胎外观、气压	轮胎表面无破裂、凸起、异物刺入及异常磨损，轮胎气压符合规定	出车前、行车中
		检查车轮螺栓、螺母	齐全完好，无松动	
5	照明、信号指示装置及仪表	检查前照灯	前照灯完好、有效，表面清洁，远近光变换正常	出车前
		检查信号指示装置	转向灯、制动灯、示廓灯、危险报警闪光灯、雾灯、喇叭、标志灯及反射器等信号指示装置完好有效，表面清洁	
		检查仪表	工作正常	出车前、行车中

注："技术要求"栏中的"符合规定"指符合车辆维修资料等有关技术文件的规定。

2. 一级维护

1）基本要求

一级维护是指除日常维护作业外,以润滑、紧固为作业中心内容,并检查有关制动、操纵等安全部件的维护作业。具有维护作业能力的道路运输企业可以对自有车辆进行一级维护,不具备一级维护作业能力的道路运输企业,可以委托具备相应资质的汽车维修企业进行一级维护。

2）周期

经统计和研究,综合考虑全国情况,营运车辆一级维护推荐周期见表2-2。

营运车辆一级维护推荐周期　　　　　　　　　　　表2-2

适 用 车 型		一级维护行驶里程间隔上限值或行驶时间间隔上限值
客车	小型客车(含乘用车) (车长≤6m)	10000km 或 30 日
	中型及以上客车 (车长>6m)	15000km 或 30 日
货车	轻型货车 (最大设计总质量≤3500kg)	10000km 或 30 日
	轻型以上货车 (最大设计总质量>3500kg)	15000km 或 30 日
	挂车	15000km 或 30 日

注:1. 一级维护周期以行驶里程间隔或行驶时间间隔先到达者为准;

2. 对于以山区、沙漠、炎热、寒冷等特殊运行环境为主的营运车辆,可适当缩短维护周期。

3）作业项目及技术要求

一级维护作业项目及技术要求见表2-3。

一级维护作业项目及技术要求　　　　　　　　　　表2-3

序号	作业项目		作业内容	技术要求
1	发动机	空气滤清器、机油滤清器和燃油滤清器	清洁或更换	(1)按规定的里程或时间清洁或更换滤清器; (2)滤清器应清洁,衬垫无残缺,滤芯无破损; (3)滤清器安装牢固,密封良好
2		发动机润滑油及冷却液	检查油(液)面高度,视情更换	按规定的里程或时间更换润滑油、冷却液,油(液)面高度符合规定
3	转向系	部件连续	检查、校紧万向节、横直拉杆、球头销和转向节等部位连续螺栓、螺母	各部件连续可靠
4		转向器润滑油及转向助力油	检查油面高度、视情更换	按规定的里程或时间更换转向器润滑油及转向助力油,油面高度符合规定

续上表

序号	作业项目		作业内容	技术要求
5	制动系	制动管路、制动阀及接头	检查制动管路、制动阀及接头，校紧接头	制动管路、制动阀固定可靠，接头紧固，无漏气（油）现象
6		缓速器	检查、校紧缓速器连接螺栓、螺母，检查定子与转子间隙，清洁缓速器	缓速器连接紧固，定子与转子间隙符合规定，缓速器外表、定子与转子间清洁，各插接件与接头连接可靠
7		储气筒	检查储气筒	无积水及油污
8		制动液	检查液面高度，视情更换	按规定的里程或时间更换制动液，液面高度符合规定
9	传动系	各连接部位	检查、校紧变速器、传动轴、驱动桥壳、传动轴支承等部位连接螺栓、螺母	各部位连接可靠，密封良好
10		变速器、主减速器和差速器	清洁气孔	通气孔通畅
11	车轮	车轮及半轴的螺栓、螺母	校紧车轮及半轴的螺栓、螺母	扭紧力矩符合规定
12		轮辋及压条挡圈	检查轮辋及压条挡圈	轮辋及压条挡圈无裂损及变形
13	其他	蓄电池	检查蓄电池	电解液液面高度符合规定，通气孔畅通，电桩、夹头清洁、牢固，免维护蓄电池电量状况指示正常
14		防护装置	检查侧防护装置及后防护装置，校紧螺栓、螺母	完好有效，安装牢固
15		全车润滑	检查、润滑各润滑点	（1）润滑嘴齐全有效，润滑良好； （2）各润滑点防尘罩齐全完好； （3）集中润滑装置工作正常，密封良好
16		整车密封	检查泄漏情况	全车不漏油、不漏液、不漏气

3. 二级维护

1）基本要求

二级维护是指除了一级维护作业内容外，作业中心内容包括检查和调整转向节、转向摇臂、制动蹄片、悬架等经过一定时间的使用容易磨损或变形的安全部件，并拆检轮胎，进行轮胎换位，检查调整发动机工作状况和排气污染控制装置等，由维修企业负责执行的车辆维护作业。

二级维护的具体要求包括：

（1）道路运输经营者应当依据国家有关标准和车辆维修手册、使用说明书等，结合车辆类别、车辆运行状况、行驶里程、道路条件、使用年限等因素，自行确定车辆维护周期，确保车辆正常维护。

（2）道路运输经营者应当参照《汽车维护、检测、诊断技术规范》（GB/T 18344）、《使用乙醇汽油车辆检查、维护技术规范》（GB/T 25349）和《液化天然气汽车维护技术规范》（JT/T 1009）等汽车维护技术规范确定车辆维护作业项目。

（3）道路运输经营者根据《汽车维修业开业条件》（GB/T 16739）的要求，自行确定是否具备二级维护作业能力。道路运输经营者具备二级维护作业能力的，可以对自有车辆进行二级维护作业和竣工出厂检验，做好车辆维护记录，对车辆维护作业质量承担责任；不具备二级维护作业能力的，可以委托二类以上机动车维修经营者进行二级维护作业。机动车维修经营者完成二级维护作业和竣工出厂检验合格后，向委托方出具二级维护出厂合格证。

道路运输经营者应将车辆的二级维护情况记入车辆技术档案，并将《机动车维修记录》、《机动车维修竣工出厂合格证》等存入车辆技术档案。

2）周期

营运车辆二级维护推荐周期见表2-4。

营运车辆二级维护推荐周期　　　　　　　　　　表2-4

适 用 车 型		二级维护行驶里程间隔上限值或行驶时间间隔上限值
客车	小型客车(含乘用车) (车长≤6m)	40000km 或 120 日
	中型及以上客车 (车长>6m)	50000km 或 120 日
货车	轻型货车 (最大设计总质量≤3500kg)	40000km 或 120 日
	轻型以上货车 (最大设计总质量>3500kg)	50000km 或 120 日
	挂车	50000km 或 120 日

注：1.二级维护周期以行驶里程间隔或行驶时间间隔先到达者为准；

　　2.对于以山区、沙漠、炎热、寒冷等特殊运行环境为主的营运车辆，可适当缩短维护周期。

3）作业流程

二级维护作业流程如图2-5所示。二级维护合格证如图2-6所示。

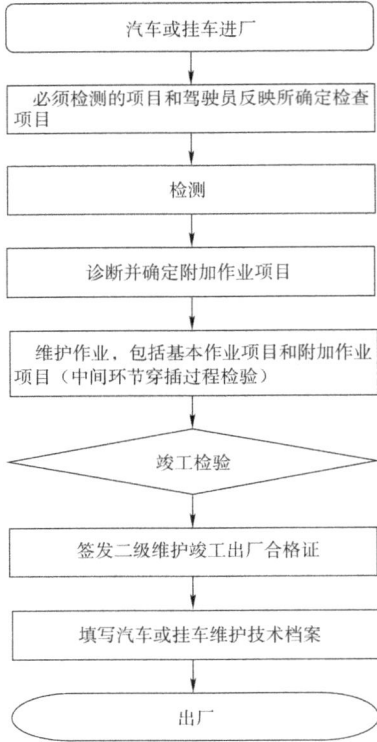

图 2-5　二级维护作业流程

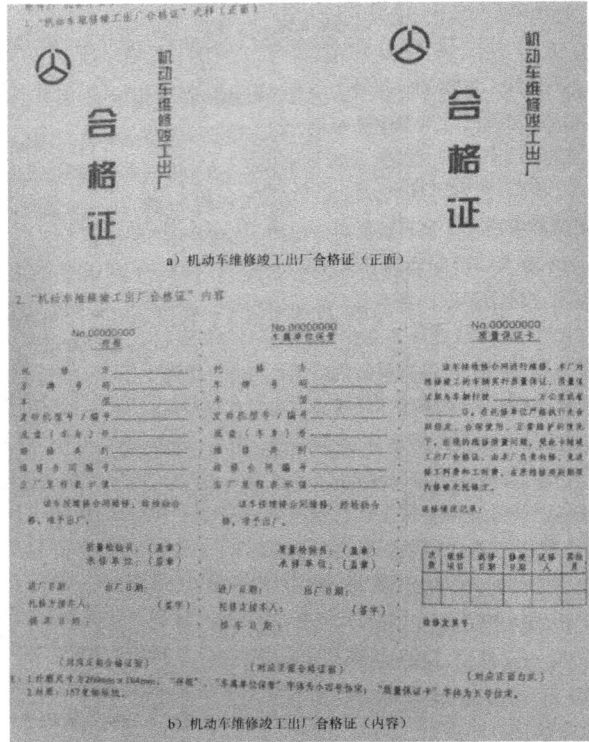

图 2-6　机动车维修竣工出厂合格证

4）作业项目及技术要求

二级维护作业项目及技术要求见表 2-5。

二级维护作业项目及技术要求　　　　　　　　　　　　　　表 2-5

序号	作业项目		作业内容	技术要求
1	发动机	发动机工作状况	检查发动机起动性能和柴油发动机停机装置	起动性能良好,停机装置功能有效
			检查发动机运转情况	低、中、高速运转稳定,无异响
2		发动机排放机外净化装置	检查发动机排放机外净化装置	外观无损坏、安装牢固
3		燃油蒸发控制装置	检查外观,检查装置是否畅通,视情更换	碳罐及管路外观无损坏、密封良好、连接可靠,装置畅通无堵塞
4		曲轴箱通风装置	检查外观,检查装置是否畅通,视情更换	碳罐及管路外观无损坏、密封良好、连接可靠,装置畅通无堵塞
5		增压器、中冷器	检查、清洁中冷器和增压器	(1)中冷器散热片清洁,管路无老化,连接可靠,密封良好; (2)增压器运转正常,无异响,无渗漏

续上表

序号	作业项目		作业内容	技术要求
6		发电机、起动机	检查、清洁发电机和起动机	发电机和起动机外表清洁,导线接头无松动,运转无异响,工作正常
7		发动机传动带/链	检查空压机、水泵、发电机、空调机组合正时传动带/链磨损及老化程度,视情更换或调整传动带	传动带/链无裂痕和过量磨损,表面无油污;松紧度符合规定
8		冷却装置	检查散热器、水箱及管路密封	(1)散热器、水箱及管路固定可靠,无变形、堵塞、破损及渗漏;(2)箱盖结合表面良好,胶垫不老化
9	发动机	火花塞、高压线	检查火花塞间隙、积炭和烧蚀情况,按规定里程或时间更换火花塞	无积炭,无严重烧蚀现象,电极间隙符合规定
			检查高压线外观及连接情况,按规定里程或时间更换高压线	高压线外观无破损、连接可靠
10		进排气歧管、消声器、排气管	检查进排气歧管、消声器、排气管	外观无破损、无裂痕,消声器功能良好
11		发动机总成	清洁发动机外部,检查隔热层	无油污、无灰尘,隔热层密封良好
			检查、校紧油底壳、发动机支撑、水泵、空压机、涡轮增压器、进排气歧管、消声器、排气管、输油泵和喷油泵等部位的连接螺栓、螺母	螺栓、螺母连接完好,固定牢靠
12	制动系	储气筒、干燥器	检查、紧固储气筒,检查干燥器功能,按规定里程或时间更换干燥剂	(1)储气筒安装牢固,密封良好;(2)干燥器功能正常,排水阀通畅
13		制动踏板	检查、调整制动踏板自由行程	符合规定
14		驻车制动	检查驻车制动性能,调整操纵机构	功能正常,操纵机构齐全完好、灵活有效
15		防抱死装置	检查连接线路,清洁轮速传感器	各连接线及插接件无松动,轮速传感器清洁

续上表

序号	作业项目	作业内容	技术要求
16	制动系	鼓式制动器	
		检查制动间隙调整装置	功能正常
		拆卸制动鼓、轮毂、制动蹄，清洁轴承位、轴承、支承销和制动底板等零件	清洁，无油污，轮毂通气孔畅通
		检查制动底板、制动凸轮轴	(1)制动底板安装牢固、无变形、无裂痕； (2)凸轮轴转动灵活，无卡滞和松旷现象
		检查轮毂内外轴承	滚柱保持无断裂，滚柱无缺损、脱落，轴承内外圈无裂损和烧蚀
		检查制动摩擦片、制动蹄及支承销	(1)制动摩擦片表面无油污、裂损，厚度符合规定； (2)制动蹄无裂纹及明显变形，铆接可靠，铆钉沉入深度符合规定； (3)支承销无过量磨损，与制动蹄轴承孔衬套配合无明显松旷
		检查制动蹄复位弹簧	复位弹簧不得有扭曲、钩环损坏、弹性损失和自由长度改变等现象
		检查轮毂、制动鼓	轮毂无裂损，制动鼓无裂痕、沟槽、油污及明显变形
		装复制动鼓、轮毂、制动蹄，调整轴承松紧度、调整制动间隙	(1)装复制动蹄时，轴承孔均应涂抹润滑脂，开口销或卡簧固定可靠； (2)制动摩擦片与制动鼓摩擦面清洁，无油污； (3)制动器间隙符合规定； (4)轮毂转动灵活且无轴向间隙； (5)锁紧螺母、半轴螺母及车轮螺母齐全，扭紧力矩符合规定
17		盘式制动器	
		检查制动摩擦片和制动盘磨损量	制动摩擦片和制动盘磨损量应在标记规定或制造商要求的范围内，其摩擦工作面不得有油污、裂纹、失圆和沟槽等损伤
		检查制动摩擦片与制动盘的间隙	符合规定
		检查密封件	密封件无裂纹或损坏
		检查制动钳	制动钳安装牢固、无油液泄漏，制动钳导向销无裂纹或损坏

续上表

序号	作业项目		作业内容	技术要求
18	转向系	转向器和转向传动机构	检查转向器和转向传动机构	转向轻便、灵活,转向无卡滞现象,锁止、限位功能正常
			检查部件技术状况	转向节臂、转向器摇臂及横直拉杆无变形、裂纹和拼焊现象,球销无裂纹、不松旷,转向器无裂损、无漏油现象
19		转向盘最大自由转动量	检查、调整转向盘最大自由转动量	符合 GB 7258 规定
20	行使系	车轮及轮胎	检查轮胎规格型号	符合 GB 7258 规定
			检查轮胎外观	符合 GB 7258 规定
			轮胎换位	根据轮胎磨损情况或相关规定进行轮胎换位
			检查、调整车轮前束	车轮前束值符合规定
21		悬架	检查悬架弹性元件,校紧连接螺栓、螺母	(1)空气弹簧无泄漏、外观无损伤; (2)钢板弹簧无断片、缺片、移位和变形,各部件连接可靠,U 形螺栓拧紧力矩符合规定
			减振器	减振器固定牢靠,无漏油现象,橡胶垫无松动、变形及分层
22		车桥	检查车桥、车桥与悬架之间的拉杆和导杆	车桥无变形、表面无裂痕、油脂无泄漏,车桥与选件之间的拉杆和导杆无松旷、移位和变形
23	传动系	离合器	检查离合器工作状况	离合器接合平稳,分离彻底,操作轻便,无异响、打滑、抖动及沉重等现象
			检查、调整离合器踏板自由行程	符合规定
24		变速器、主减速器、差速器	检查、调整变速器	操作轻便、挡位准确,无异响、打滑及乱挡等现象,主减速器、差速器工作无异响
			检查变速器、主减速器、差速器润滑油液面高度,视情更换	液面高度符合规定
25		传动轴	检查防尘罩	无裂痕、损坏,卡箍连接可靠,支架无松动
			检查传动轴及万向节	传动轴无弯曲,运转无异响。传动轴及万向节无裂痕,不松旷
			检查传动轴承及支架	轴承无松旷,支架无缺损和变形

续上表

序号	作业项目		作业内容	技术要求
26	灯光导线	前照灯	检查远光灯发光前度,检查、调整前照灯光束照射位置	符合 GB 7258 规定
27		线束及导线	检查发动机舱及其他可视的线束及导线	插接件无松动、接触良好。导线布置整齐、固定牢靠,绝缘层无老化、破损,导线无外露。导线与蓄电池桩头连接牢固,并有绝缘套
28	车架车身	车架和车身	检查车架和车身	(1)车架和车身无变形、断裂及开焊现象,连接可靠,车身周正; (2)发动机舱盖启闭有效,锁止牢靠; (3)车厢铰链完好,锁止牢靠; (4)固定集装箱箱体、货物的锁止机构工作正常
			检查车门、车窗启闭和锁止	(1)车门和车窗启闭正常,锁止可靠; (2)客车启闭车门的车内应急开关及安全顶窗机件齐全、完好有效
29		支撑装置	检查、润滑支撑装置,校紧连接螺栓、螺母	完好有效,润滑良好,安装完毕
30		牵引车与挂车连接装置	检查牵引销及其连接装置	牵引销安装牢固,无损伤、裂纹等缺陷,牵引销颈部磨损量符合规定
			检查、润滑牵引座及牵引销锁止、释放机构,校紧连接螺栓、螺母	牵引座表面油脂均匀,安装牢固,牵引销锁止、释放机构工作可靠
			检查转盘与转盘架	转盘与转盘架贴合面无松旷、偏歪。转盘与牵引连接部件连接牢靠,转盘连接螺栓应紧固,定位销无松旷、无磨损,转盘润滑
			检查牵引钩	牵引钩无裂纹及损伤,锁止、释放机构工作可靠

二、车辆更新

1. 车辆更新的概念

以新车辆或高效率、低消耗、性能先进的车辆更换在用车辆,称为车辆更新。

车辆更新包含四个方面的含义:

(1)同类型新车辆替换在用车辆;

(2)高效率、低消耗、性能先进的汽车或大吨位车辆替换低效率、高消耗、性能差或小吨位车辆；

（3）在用车辆尚未达到报废程度，但性能较差而被替换；

（4）在用车辆已达报废条件而被替换。

2.车辆更新依据

车辆从开始使用到不能使用的整个时期称为车辆使用寿命。

影响车辆使用寿命的因素很多，基本上可分为技术因素和经济因素两大类。

1）技术因素

（1）车辆本身的制造和维修质量；

（2）车辆的运行条件，如道路条件、货物种类、驾驶操作水平、车速和装载质量等；

（3）有形损耗等。

2）经济因素

（1）大修费、维修费和运行材料费等；

（2）基本折旧率的规定等。

从技术角度上看，车辆在使用中，机件会不断地磨损、疲劳和老化。随着车龄增长，整车、总成和部件的性能会逐渐老化，直到不能保持正常的运行技术状况为止，这之间的年限称作车辆的技术寿命，是可以通过恢复性的修理来延长的。至于延长到何种程度，或者说经过几次大修再报废，其合理性需要通过营运分析来确定。

经济使用寿命是指车辆使用年均总费用最低的使用年限。其确定原则是使用车辆年均总费用（包括折旧费、维修费和运行材料费等）低于再延期使用该车所需的年均总费用。

发达国家的车辆使用寿命完全按经济规律确定，除考虑车辆本身的运行费用增长外，还考虑新车型性能的改进和价格下降等因素。

3.最佳更新期的确定依据

车辆更新换代的时机很难有固有的计算模式，因为涉及的因素过多，如经营效益、运营安全、单车油耗、成本核算、市场竞争力、企业形象等。从技术上分析，营运车辆更新换代的最佳时机在折旧为零，燃料、材料及维修成本呈现上升趋势的时候。但现实情况下很难做到，大多数运输企业会将技术标准与经济效益挂钩。

当前业内车辆更新主要有三种模式：

（1）时间模式。一般5~8年，部分客运班线为3~4年。

（2）里程模式。不同业务类型里程不同，通常分60万、80万、100万km不等。

（3）快速折旧模式。主要为了车辆的转让、调配，保留最大残值。

有些企业更新换代按里程、时间模式相结合的方式进行，5~6年更新；有些根据经营情况决定更新年限，运营效益好的班线优先更新，3~4年；也有些采用时间模式决定更新年限，如采取"4+1"或"4+2"的模式，即根据经营效益决定是5年还是6年更新。但无论参考哪一个标准对车辆进行更新换代，保证收益是不变的规律。

车辆最佳更新期的确定方法有多种，下面以面值法为例说明经济寿命的确定方法。

面值法是以设备的有形损耗理论为基础确定设备最佳更新期的方法。面值法以车辆的账面数据作为分析依据，根据同类型车辆的统计资料进行分析计算来确定车辆经济使用寿命的方法。从理论上讲，年均总费用最低的使用年限就是车辆经济使用寿命。

4. 更新车辆的处理

被更新的运输车辆，运输单位可根据国家有关规定进行处理。处理后的变价收入用于车辆更新改造，不得挪作他用。

如果被更新的运输车辆未达到报废条件，可移为他用或转让出售，如作为使用强度较低的非专业运输车或按质论价出售给外单位或出租给外单位。如果按报废车辆处理，不得转让或挪作他用。

三、车辆报废

我国实行机动车强制报废制度，《机动车强制报废标准规定》（商务部、国家发展和改革委员会、公安部、环境保护部令 2012 年第 12 号）明确了我国的机动车报废实施强制报废和引导报废两种方式，一方面，根据机动车使用和安全技术、排放检验状况，国家对达到报废标准的机动车实施强制报废，另一方面，对达到一定行驶里程的机动车实施引导报废。

1. 强制报废

《机动车强制报废标准规定》第四条规定："已注册机动车有下列情形之一的应当强制报废，其所有人应当将机动车交售给报废机动车回收拆解企业，由报废机动车回收拆解企业按规定进行登记、拆解、销毁等处理，并将报废机动车登记证书、号牌、行驶证交公安机关交通管理部门注销：（一）达到本规定第五条规定使用年限的；（二）经修理和调整仍不符合机动车安全技术国家标准对在用车有关要求的；（三）经修理和调整或者采用控制技术后，向大气排放污染物或者噪声仍不符合国家标准对在用车有关要求的；（四）在检验有效期届满后连续 3 个机动车检验周期内未取得机动车检验合格标志的。"具体的强制报废年限见表 2-6。

上述条款明确，一方面可以根据车辆的强制报废年限来进行报废。另一方面，当车辆经修理和调整后仍然达不到相应要求或者连续 3 个机动车检验周期内未取得机动车检验合格标志的，也需要强制报废。

2. 引导报废

《机动车强制报废标准规定》第七条规定："国家对达到一定行驶里程的机动车引导报废。达到下列行驶里程的机动车，其所有人可以将机动车交售给报废机动车回收拆解企业，由报废机动车回收拆解企业按规定进行登记、拆解、销毁等处理，并将报废的机动车登记证书、号牌、行驶证交公安机关交通管理部门注销……"具体的引导报废里程见表 2-6。

机动车使用年限及行驶里程参考值汇总表 表2-6

车辆类型与用途				使用年限（年）	行驶里程参考值（万 km）
汽车	载客	营运	出租客运	小、微型	8	60
				中型	10	50
				大型	12	60
			租赁		15	60
			教练	小型	10	50
				中型	12	50
				大型	15	60
			公交客运		13	40
			其他	小、微型	10	60
				中型	15	50
				大型	15	80
		专用校车			15	40
		非营运	小、微型客车、大型轿车*		无	60
			中型客车		20	50
			大型客车		20	60
	载货	微型			12	50
		中、轻型			15	60
		重型			15	70
		危险品运输			10	40
		三轮汽车、装用单缸发动机的低速货车			9	无
		装用多缸发动机的低速货车			12	30
	专项作业	有载货功能			15	50
		无载货功能			30	50
挂车	半挂车	集装箱			20	无
		危险品运输			10	无
		其他			15	无
	全挂车				10	无
摩托车	正三轮				12	10
	其他				13	12
轮式专用机械车					无	50

注：1. 表中机动车主要依据《机动车类型 术语和定义》(GA 802—2014)进行分类；标注 * 车辆为乘用车。

2. 对小、微型出租客运汽车(纯电动汽车除外)和摩托车，省、自治区、直辖市人民政府有关部门可结合本地实际情况，制定严于表中使用年限的规定，但小、微型出租客运汽车不得低于 6 年，正三轮摩托车不得低于 10 年，其他摩托车不得低于 11 年。

第三章 危险货物道路运输车辆使用管理

危险货物运输作为一种安全条件要求较高的特种货物运输,对其运输车辆的使用管理,是预防危险货物道路运输事故,保护人民群众生命安全、环境安全和财产安全的重要基础之一。本章主要从道路运输车辆通用技术条件、危险货物道路运输车辆的适装、限制以及《道路运输证》的相关管理规定等方面进行介绍。

第一节 道路运输车辆通用技术条件

本节主要介绍道路运输车辆的基本技术条件,如道路运输车辆的设计、制造、使用,应当符合有关的国家标准、行业标准,以及与道路运输车辆有关的禁止性规定。

一、道路运输车辆基本技术条件

运输车辆是从事道路运输生产的基本工具,也是进入道路运输市场的必要条件。《道路运输条例》对道路运输经营者市场准入提出了"有与其经营业务相适应并经检测合格的车辆"的要求。具体地,从事道路运输经营的车辆应当符合下列技术要求。

(1)车辆的外廓尺寸、轴荷和最大允许总质量应当符合《汽车、挂车及汽车列车外廓尺寸、轴荷及质量限值》(GB 1589)的要求;

(2)车辆的技术性能应当符合《道路运输车辆综合性能要求和检验方法》(GB 18565)的要求;

(3)车型的燃料消耗量限值应当符合《营运客车燃料消耗量限值及测量方法》(JT/T 711)、《营运货车燃料消耗量限值及测量方法》(JT/T 719)的要求;

(4)车辆技术等级应当达到二级以上。危货运输车、国际道路运输车辆、从事高速公路客运以及营运线路长度在800km以上的客车,技术等级应当达到一级。技术等级评定方法应当符合国家有关道路运输车辆技术等级划分和评定的要求;

(5)从事高速公路客运、包车客运、国际道路旅客运输,以及营运线路长度在800km以上客车的类型等级应当达到中级以上。其类型划分和等级评定应当符合国家有关营运客车类型划分及等级评定的要求;

(6)危货运输车应当符合《危险货物道路运输规则 第5部分:托运要求》(JT/T 617.5—2018)、《危险货物道路运输规则 第6部分:装卸条件及作业要求》(JT/T 617.6—2018)的要求。

1. 外廓尺寸、轴荷和质量限值

由于超载超限车辆的过大荷载,加速了路面和桥梁的损坏,缩短了道路基础设施的使用寿命;车辆超载会增加车辆制动距离,加剧制动器磨损,影响车辆行车安全,易引发道路交通事故;车辆超限会增大转弯和会车时的安全风险,影响其他交通参与者的正常通行,存在行车安全隐患。因此,为了确保行车安全,保护道路和桥梁等交通基础设施,维护道路运输市场和汽车生产秩序,对汽车、挂车及汽车列车的外廓尺寸、轴荷和最大允许总质量等参数作出限定是非常必要的,车辆生产企业和道路运输经营者均必须自觉遵守、严格把关。

《汽车、挂车及汽车列车外廓尺寸、轴荷及质量限值》(GB 1589—2016)给出了有关车辆外廓尺寸、轴荷及质量限值的规定。该标准是汽车标准中最重要的基础标准之一,对汽车制造、交通管理、物流运输起到重要作用,对汽车的发展起到至关重要的引领作用。

1)车辆外廓尺寸要求

车辆外廓尺寸超标会威胁行驶安全。例如,有些车辆因超高,在通过桥梁、隧道或桥洞时,顶部会与桥梁、隧道或桥洞相撞,造成车毁人亡的事故。因此,必须严格限制车辆外廓尺寸。

(1)仓栅式、栏板式、平板式、自卸式货车和挂车的外廓尺寸不应超过表3-1规定的最大限值。

仓栅式、栏板式、平板式、自卸式货车及其半挂车外廓尺寸的
最大限值(单位:mm)　　　　　　　　　　　　　　　　　　表3-1

车 辆 类 型			长度	宽度	高度
仓栅式货车 栏板式货车 平板式货车 自卸式货车	二轴	最大设计总质量≤3500kg	6000	2550	4000
		最大设计总质量>3500kg,且≤8000kg	7000		
		最大设计总质量>8000kg,且≤12000kg	8000		
		最大设计总质量>12000kg	9000		
	三轴	最大设计总质量≤20000kg	11000		
		最大设计总质量>20000kg	12000		
	双转向轴的四轴汽车		12000		
仓栅式半挂车 栏板式半挂车 平板式半挂车 自卸式半挂车	一轴		8600		
	二轴		10000		
	三轴		13000		

(2)其他汽车、挂车及汽车列车的外廓尺寸不应超过表3-2规定的最大限值。

其他汽车、挂车及汽车列车外廓尺寸的最大限值（单位：mm） 表3-2

车辆类型			长度	宽度	高度
汽车	三轮汽车[a]		4600	1600	2000
	低速货车		6000	2000	2500
	货车及半挂牵引车		12000[b]	2550[c]	4000
	乘用车及客车	乘用车及二轴客车	12000	2550	4000[d]
		三轴客车	13700		
		单铰接客车	18000		
挂车	半挂车		13750[e]	2550[c]	4000
	中置轴、牵引杆挂车		12000[f]		
汽车列车	乘用车列车		14500	2550[c]	4000
	铰接列车		17100[g]		
	货车列车		20000[h]		

[a] 当采用转向盘转向，由传动轴传递动力，具有驾驶室且驾驶人员座椅后设计有物品放置空间时，长度、宽度、高度的限值分别为5200mm、1800mm、2200mm；

[b] 专用作业车车辆长度限值要求不适用的要求，但应符合相关标准要求；

[c] 冷藏车宽度最大限值为2600mm；

[d] 定线行驶的双层城市客车高度最大限值为4200mm；

[e] 运送45英尺集装箱的半挂车长度最大限值为13950mm；

[f] 车厢长度限值为8000mm（中置轴车辆运输挂车除外）；

[g] 长头半挂牵引车与半挂车组成的铰接列车长度限值为18100mm；

[h] 中置轴车辆运输列车长度最大限值为22000mm

（3）外廓尺寸的其他要求。

①车辆间接视野装置单侧外伸量不应超出车辆宽度250mm。

②车辆的顶窗、换气装置等处于开启状态时不应超出车辆高度300mm。

③汽车的后轴与牵引杆挂车的前轴之间的距离不应小于3000mm。

（4）半挂牵引车和半挂车的要求。

①半挂车前回转半径不应大于2040mm。

②半挂车牵引销中心轴线到半挂车车辆长度最后端的水平距离不应大于12000mm（运送45英尺集装箱的半挂车除外）。

③运送标准集装箱的半挂牵引车鞍座空载时高度（牵引主销中心位置的高度）应满足以下要求：

a. 运送高度为2591mm标准集装箱的半挂牵引车，不应超过1320mm；

b. 运送高度为2896mm标准集装箱的半挂牵引车，不应超过1110mm。

2）最大允许轴荷限值

（1）汽车及挂车的单轴、二轴组及三轴组的最大允许轴荷不应超过该轴或轴组各轮胎负荷之和，且不应超过表3-3规定的限值。

汽车及挂车单轴、二轴组及三轴组的最大允许轴荷限值（单位：kg）　　　表3-3

类　型			最大允许轴荷限值
单轴	每侧单轮胎		7000[a]
	每侧双轮胎	非驱动轴	10000[b]
		驱动轴	11500
二轴组	轴距＜1000mm		11500[c]
	轴距≥1000mm，且轴距＜1300mm		16000
	轴距≥1300mm，且轴距＜1800mm		18000[d]
	轴距≥1800mm（仅挂车）		18000
三轴组	相邻两轴之间距离≤1300mm		21000
	相邻两轴之间距离＞1300mm，且≤1400mm		24000
[a]按照名义断面宽度不小于425mm轮胎的车轴，最大允许轴荷限值10000kg；驱动轴安装名义断面宽度不小于445mm轮胎，则最大允许轴荷限值为11500kg； [b]装备空气悬架时最大允许轴荷限值为11500kg； [c]二轴挂车最大允许轴荷限值为11000kg； [d]汽车驱动轴为每轴每侧双轮胎且装备空气悬架时，最大允许轴荷限值为19000kg			

（2）对于其他类型的车轴，其最大允许轴荷不应超过该轴轮胎数乘以3000kg。

3）最大允许总质量限值

汽车、挂车及汽车列车的最大允许总质量不应超过各车轴最大允许轴荷之和，且不应超过表3-4规定的限值。

汽车、挂车及汽车列车最大允许总质量限值（单位：kg）　　　表3-4

车辆类型		最大允许总质量限值
汽车	三轮汽车	2000[a]
	乘用车	4500
	二轴客车、货车及半挂牵引车	18000[b]
	三轴客车、货车及半挂牵引车	25000[c]
	单铰接客车	28000
	双转向轴四轴货车	31000[c]

车 辆 类 型			最大允许总质量限值
挂车	半挂车	一轴	18000
		二轴	35000
		三轴	40000
	牵引杆挂车	二轴，每轴每侧为单轮胎	12000[d]
		二轴，一轴侧面为单轮胎，另一轴每侧为双轮胎	16000
		二轴，每轴每侧为双轮胎	18000
	中置轴挂车	一轴	10000
		二轴	18000
		三轴	24000
汽车列车		三轴	27000
		四轴	36000[e]
		五轴	43000
		六轴	49000

[a] 当采用转向盘转向、由传动轴传递动力、具有驾驶室且驾驶人员座椅后设计有物品放置空间时，最大允许总质量限值为 3000kg；

[b] 低速货车最大允许总质量限值为 4500kg；

[c] 当驱动轴为每轴每侧双轮胎且装备空气悬架时，最大允许总质量限值增加 1000kg；

[d] 安装名义断面宽度不小于 425mm 轮胎，最大允许总质量限值为 18000kg；

[e] 驱动轴为每轴每侧双轮胎且装备空气悬架且半挂车的两轴之间的距离大于或等于 1800mm 的铰接列车，最大允许总质量限值为 37000kg

4）总重及车辆长度

货车总重及车辆长度要符合表 3-5 规定的限值。

货车总重及车辆长度要求   表 3-5

货车类型	总重及长度要求
二轴货车	二轴货车及半挂牵引车、二轴中置轴挂车、二轴每轴每侧为双轮胎牵引杆挂车最大总重限值统一为 18t

货 车 类 型	总重及长度要求
三轴货车	三轴货车及半挂牵引车:最大总重限值25t 三轴汽车列车(4×2+1轴挂):最大总重限值27t 标注:当驱动轴为每轴每侧双轮胎且装备空气悬架时,最大允许总质量限值增加1000kg
四轴货车	 双转向轴四轴货车:最大总重限值31t 　标注:当驱动轴为每轴每侧双轮胎且装备空气悬架时,最大允许总质量限值增加1000kg 四轴汽车列车(4×2+2轴挂):最大总重限值36t 　标注:驱动轴为每轴每侧双轮胎并装备空气悬架且半挂车的两轴之间的距离大于等于1800mm的较接列车,最大允许总质量限值为37t

货 车 类 型	总重及长度要求
五轴汽车列车	五轴汽车列车：最大总重限值43t 车长17.1 m 车长17.1 m
六轴汽车列车	六轴汽车列车：最大总重限值49t 6×2+三轴挂 车长17.1 m 6×4+三轴挂 车长17.1 m 车长17.1 m

货 车 类 型	总重及长度要求
半挂车	长度尺寸限制:仓栅式半挂车、栏板式半挂车、平板式半挂车、自卸式半挂车 一轴半挂车:最大允许总质量限值18t 车长8.6m 两轴半挂车:最大允许总质量限值35t 车长10m 三轴半挂车:最大允许总质量限值40t 车长13m 其他挂车为13.75m,用于45尺集装箱的半挂车长度限值为13.95m 车长13.5m
中置轴挂车	车长22m 车长12m 4m 一轴中置轴挂车:最大允许总质量限值10t 二轴中置轴挂车:最大允许总质量限值18t 三轴中置轴挂车:最大允许总质量限值24t

5)车辆通过性要求

(1)汽车和汽车列车应在一个车辆通道圆内通过,车辆通道圆的外圆直径为25000mm,内圆直径为10600mm,车辆最外侧任何部位不应超出车辆通道圆的外圆垂直空间,车辆最内侧任何部位不应超出车辆通道圆的内圆垂直空间。

(2)汽车和汽车列车由直线行驶过渡到上条所述圆周运动时,车辆外摆值(T)不应大于800mm[客车的车辆外摆值(T)不应大于600mm]。

6）后悬要求

客车及封闭式车厢（或罐体）的汽车及挂车后悬应小于或等于轴距的65%。专用作业车在保证安全的情况下，后悬可按客车后悬要求核算，其他车辆后悬应小于或等于轴距的55%。车辆长度小于16000mm的发动机后置的铰接客车，在保证安全的情况下，后悬可不超过轴距的70%。汽车及挂车的后悬均应小于或等于3500mm（中置轴车辆运输挂车除外）。

7）其他要求

（1）汽车或汽车列车驱动轴的轴荷不应小于汽车或汽车列车最大允许总质量的25%。

（2）四轴汽车（自卸车除外）的最大允许总质量的数值（单位：t）不能超过其最前轴至最后轴的距离的数值（单位：m）的5倍。

（3）挂车及二轴货车的货箱栏板（含盖）高度不应超过600mm，二轴自卸车、三轴及三轴以上货车的货箱栏板（含盖）高度不应超过800mm，三轴及三轴以上自卸车的货箱栏板（含盖）高度不应超过1500mm。

8）低平板专用半挂车、消防车、清障车、混凝土泵车、汽车起重机、油田专用作业车的要求

（1）低平板专用半挂车应符合本标准关于半挂车的要求，但车辆宽度最大限值为3000mm。

（2）消防车、清障车、混凝土泵车、汽车起重机、油田专用作业车的要求。

①车辆长度应符合其他相关标准要求，车辆宽度和高度不应超过表3-6规定最大限值；

②各轴最大允许轴荷不超过13000kg；

③最大允许总质量不超过55000kg；

④后悬和驱动轴的轴荷，应符合本节第5）、第6）的相关规定。

混凝土泵车、消防车、清障车、汽车起重机、油田专用作业车宽度

和高度最大限值（单位：mm）   表3-6

车 辆 类 型	宽 度	高 度
消防车、清障车、混凝土泵车、油田专用作业车	2550	4000
汽车起重机	3000	4000

2. 道路运输车辆技术性能

车辆技术性能包括车辆的动力性、燃料经济性、制动性、行驶稳定性或转向操纵性、排放性、整车装备等多个方面。《道路运输车辆综合性能要求和检验方法》（GB 18565—2016）对拟进入道路运输市场的车辆（即新车）和在用道路运输车辆（即在用营运车）提出了不同的技术要求。其中对新车的技术要求包括车辆的动力性、燃料经济性、制动性、排放性、行驶稳定性以及车辆结构、配置和防火等方面；对在用营运车的技术要求包括车辆的动力性、燃料经济性、制动性、排放性、转向操纵性、悬架特性和整车装备及外观等方面。

为进一步加强营运货车安全技术管理，有效遏制因车辆安全性能不足导致的运输安全事故，交通运输部制定发布了行业标准《营运货车安全技术条件　第1部分：载货汽车》

（JT/T 1178.1—2018,以下统称 JT/T 1178.1 标准),2018 年 5 月 1 日起正式实施。该标准适用于 N_1 类、N_2 类、N_3 类的营运货车,不适用于牵引货车、半挂牵引车。

1)整车

载货汽车的比功率应大于或等于 6.0kw/t。按照《汽车静侧翻稳定性台架试验方法》(GB/T 14172)规定的试验方法进行侧倾稳定性台架试验,载货汽车(罐式汽车除外)在空载/满载、静态条件下,向左侧和右侧倾斜的侧倾稳定角均应大于或等于 35°/23°。

载货汽车按《汽车操纵稳定性试验方法》(GB/T 6323)的规定进行满载状态下的稳态回转试验,不足转向度应小于或等于 $1.0°/(m/s^2)$。

载货汽车按《汽车操纵稳定性试验方法》(GB/T 6323)的规定进行满载状态下的蛇形试验,其平均横摆角速度峰值应小于《汽车操纵稳定性指标限值与评价方法》(QC/T 480)对应标桩间距和基准车速的下限值要求;按《营运车辆抗侧翻稳定性试验方法　稳态圆周试验》(JT/T 884)规定的方法进行满载状态下的抗侧翻稳定性试验,要求车辆质心处的向心加速度达到 0.4g 时车辆不发生侧翻或侧滑。

载货汽车应安装符合《道路运输车辆卫星定位系统　车载终端技术要求》(JT/T 794)和《道路运输车辆卫星定位系统　终端通讯协议及数据格式》(JT/T 808)规定的卫星定位系统车载终端。

N_3 类载货汽车应装备电子稳定性控制系统(ESC),性能符合《营运客车安全技术条件》(JT/T 1094)的要求。ESC 的电磁兼容性应符合《车辆、船和内燃机　无线电骚扰特性　用于保护车载接收机的限值和测量方法》(GB/T 18655)第 3 级及《机动车电子电器组件的电磁辐射抗扰性限值和测量方法》(GB/T 17619)的规定。

N_3 类危险货物运输载货汽车的非转向轴应装备空气悬架。

载货汽车的所有转向轮应安装爆胎应急安全装置,并能通过仪表台向驾驶人员显示。爆胎应急安全装置应满足 JT/T 1178.1 标准中附录 A 的要求。

按照 JT/T 1178.1 标准中附录 B 规定的试验方法进行试验,载货汽车在空载状态下的转弯通道最大宽度应小于等于 5.0m。

冷链运输车辆应安装温度监控装置,车辆及其温度监控装置、制冷设备的性能符合相关标准要求。

2)制动系统

载货汽车的气压制动系统应安装保持压缩空气干燥、油水分离装置。载货汽车所有的行车制动器应具备制动间隙自动调整功能。载货货车的储气筒和制动气室应安装符合《汽车和挂车　气压制动装置压力测试连接器技术要求》(GB/T 5922)要求的连接器。

载货汽车应安装符合《机动车和挂车防抱制动性能和试验方法》(GB/T 13594)规定的防抱制动装置,并配备防抱制动装置失效时用于报警的信号装置。

载货汽车按照《商用车辆和挂车制动系统技术要求及试验方法》(GB 12676)规定的方法进行测试,制动系统响应时间应小于等于 0.6s。

满载载货汽车在附着系数不大于0.5、车道中心线半径150m、宽3.7m的平坦圆弧车道上,以50km/h的初始车速进行全力制动的过程中,车辆应保持在车道内。

载货汽车的制动蹄总成和制动衬片,应满足以下要求:

(1)按《道路车辆 制动衬片 盘式制动块总成和鼓式制动蹄总成剪切强度试验方法》(GB/T 22309)进行试验,制动蹄总成和制动衬块总成的最小剪切强度应不小于2.5MPa。

(2)按《道路车辆 制动衬片 压缩应变试验方法》(GB/T 22311)进行试验,制动衬块总成常温压缩量不应大于2%,400℃时的压缩量不应大于5%。

(3)按《道路车辆 制动衬片 压缩应变试验方法》(GB/T 22311)进行试验,制动蹄总成常温压缩量不应大于2%,200℃时的压缩量不应大于4%。

危险货物运输载货汽车所有车轮应安装盘式制动器。盘式行车制动器的衬片需要更换时,应采用声学或光学报警装置向在驾驶座上的驾驶人员报警,报警信号符合《商用车辆和挂车制动系统技术要求及试验方法》(GB 12676)的要求。

N_3类载货汽车应装备缓速器或其他辅助制动装置。辅助制动装置性能应使整车满足《商用车辆和挂车制动系统技术要求及试验方法》(GB 12676)规定的Ⅱ型或ⅡA型试验要求。N_3类载货汽车采用气压制动时,储气筒的额定工作气压应大于等于1000kPa。

N_3类载货汽车应装备自动紧急制动系统(AEBS)。

3)安全防护要求

载货汽车应安装符合《汽车及挂车侧面和后下部防护要求》(GB 11567)要求的侧面防护和后下部防护。总质量大于7500kg的载货汽车应安装符合《商用车前下部防护要求》(GB 26511)要求的前下部防护。

安装悬臂式、垂直升降式起重尾板的载货汽车,起重尾板背部应设置有警示旗,且警示旗应能摆动,警示旗上的反光标识应朝向车辆外侧。

载货汽车驾驶室成员保护应符合ECE R29的要求,其中后围强度应符合《商用车驾驶室乘员保护》(GB 26512)附录C.3的规定。

危险货物运输载货汽车安装单胎的车轮应安装符合《乘用车轮胎气压监测系统的性能要求和试验方法》(GB 26149)规定的汽车轮胎气压监测系统。罐式危险货物运输载货汽车的保险杠尾部到罐壁最后端面的间距应不小于200mm。

4)载荷布置与系固点

载货汽车应在车辆易见部位上设置能永久保持的符合附录C要求的载荷布置规划标识。车辆系固点的数量、安装位置与强度应符合附录D的要求。

5)报警与提示功能

N_3类载货汽车应具备符合《机动车运行安全技术条件》(GB 7258)规定的超速报警功能或限速功能。N_3类载货汽车应安装车辆右转弯音响提示装置。N_3类载货汽车应装备符合《营运车辆行驶危险预警系统 技术要求和试验方法》(JT/T 883)规定的车道偏离预警系统和前撞预警装置。

6）其他

载货汽车应配备1件反光背心和至少2个停车楔。运油载货汽车宜使用符合《道路运输车辆油箱及液体燃料运输罐体阻隔防爆安全技术要求》（JT/T 1046）要求的阻隔防爆技术。

危险货物运输载货汽车应安装符合《汽车导静电橡胶拖地带》（JT/T 230）要求的汽车导静电橡胶拖地带。

3. 道路运输车辆燃料消耗量限值

道路运输行业能耗占交通运输行业能耗的35%，是能源消耗大户，随着道路运输工具和运输量的不断增加，道路运输行业的能源消耗量必将进一步增加。为此，设定燃料消耗量限值，从源头控制燃料消耗量不达标车型进入道路运输市场，对于提高道路运输行业的能源使用效率、减少能源消耗具有重要意义。因此，各道路运输经营者在选择燃用纯汽油或纯柴油且最大总质量超过3500kg的客货运车辆时，其车型燃料消耗量应当符合交通运输行业标准《营运客车燃料消耗量限值及测量方法》（JT/T 711）或《营运货车燃料消耗量限值及测量方法》（JT/T 719）的要求，凡是不符合该限值标准要求的车辆，不能从事道路运输营运活动。

县级以上道路运输管理机构在依法实施道路运输许可及行业监管时，要加强对本行政区域内道路运输车辆燃料消耗量达标车型的监督管理，在为车辆配发《道路运输证》时，应当按照交通运输部公告的《道路运输车辆达标车型表》要求对车辆配置及参数进行核查，对未列入《道路运输车辆达标车型表》或者与《道路运输车辆达标车型表》所列装备和指标要求不一致的，不得配发《道路运输证》。

4. 道路运输车辆技术等级及评定方法

所有道路运输车辆的技术等级必须达到二级及以上，方可从事道路运输经营活动。其中，危货运输车、国际道路运输车辆、从事高速公路客运以及营运线路长度在800km以上的客车，其技术等级必须达到一级。车辆技术等级评定方法要严格按照交通运输行业标准《道路运输车辆技术等级划分和评定要求》（JT/T 198）规定执行。

所谓车辆技术等级评定，是指按《道路运输车辆综合性能要求和检验方法》（GB 18565）进行检测，并根据《道路运输车辆技术等级划分和评定要求》（JT/T 198）将车辆技术等级划分为一级和二级。评定标准从车辆的动力性、燃料经济性、制动性、转向操纵性、前照灯发光强度与光束照射位置、排放污染物限值、车速表示值误差、整车装备及外观以及车辆配置等方面对车辆技术状况进行等级划分，改变了原有的车辆检测结果的监管方式，道路运输管理机构采信汽车综合性能检测机构出具的车辆技术等级评定结论证明，作为配发《道路运输证》和车辆年度审验的依据。

二、禁止性规定

《道路运输车辆技术管理规定》第九条规定："禁止使用报废、擅自改装、拼装、检测不合格以及其他不合国家规定的车辆从事道路运输经营活动。"凡是已经报废、擅自改装、拼装、检测不合格以及其他不符合国家规定的车辆,道路运输经营者均不得用于道路运输经营活动,这些车辆的技术状况较差,会给人民生命财产造成严重威胁,必须坚决禁止从事道路运输经营。

1. 报废车辆

报废车辆是指达到国家规定报废年限或者虽然未达到国家报废规定年限,但发动机或者底盘严重损坏,经检验不符合国家机动车运行安全技术条件,或者不符合国家机动车污染物排放标准的机动车。《机动车强制报废标准规定》(商务部、发改委、公安部、环境保护部令2012年第12号)对各类道路运输车辆报废年限作出如下规定:

(1)小、微型营运载客汽车使用10年,大、中型营运载客汽车使用15年;

(2)微型载货汽车使用12年,危险货物运输载货汽车使用10年,其他载货汽车(包括半挂牵引车和全挂牵引车)使用15年;

(3)有载货功能的专项作业车使用15年,无载货功能的专项作业车使用30年;

(4)全挂车、危险货物运输半挂车使用10年,集装箱半挂车使用20年,其他半挂车使用15年。

机动车使用年限起始日期按照注册登记日期计算,但自出厂之日起超过2年未办理注册登记手续的,按照出厂日期计算。

2. 擅自改装车辆

擅自改装车辆是指未经有关部门批准,擅自改变已获得《道路运输证》的车辆的结构、构造或者特征。擅自改装行为主要包括:

(1)擅自改变车辆类型或用途。指擅自将客车改为货车、货车改为客车、普通货车改为专用货车、专用货车改为普通货车。

(2)擅自改变车辆主要总成部件。指擅自更换与原车型不一致的发动机、变速箱、前桥、后桥或者车架;擅自更换车辆车身或者罐车罐体;擅自改变车辆悬架形式。

(3)擅自改变车辆外廓尺寸或者承载限值。指擅自加高、加宽、加长、拆除货厢拦板或者增加车辆外廓尺寸;擅自增加或者减少轮胎数量;擅自增加或者减少车轴数量;擅自增加客车座位。

3. 拼装车辆

拼装车辆是指违反国家关于生产汽车方面的有关规定,私自拼凑零部件装配的机动车。以下均认定为拼装车辆:

(1)列入国家年度汽车生产企业目录及产品目录内的汽车生产厂,另外又生产未经有关主管部门鉴定批准生产的基本车型,或在已鉴定的汽车产品基础上,未经国务院有关部门或省(自治区、直辖市)汽车工业主管部门鉴定批准,并报国家有关部门备案所生产的变型车和专用车。

(2)在国家年度汽车生产企业目录及产品目录以外生产的,未经主管部门质量监督检验中心(所)检验合格并开具证明的各种汽车。

（3）无论目录内外，以各种不同类型零部件擅自组装的汽车统属于"拼装汽车"，擅自组装的一、二、三类底盘，也按"拼装汽车"对待。

4.检测不合格车辆

检测不合格车辆是指道路运输车辆经过汽车综合性能检测机构检测，技术性能不符合《道路运输车辆综合性能要求和检验方法》（GB 18565）要求，或者车辆技术等级达不到《道路运输车辆技术等级划分和评定要求》（JT/T 198）规定的二级及以上，或者燃用纯汽油或纯柴油且最大总质量超过3500kg的车辆，其车型燃料消耗量不符合《营运客车燃料消耗量限值及测量方法》（JT/T 711）或《营运货车燃料消耗量限值及测量方法》（JT/T 719）要求。

其他不符合国家规定的车辆是指不符合国家汽车产业政策或者安全技术性能、节能环保性能等指标达不到现行国家规定限值要求的汽车，如黄标车等车辆。

第二节 危险货物道路运输车辆适装

本节主要介绍危险货物道路运输车辆的车型选择和车辆的适装。

一、车辆的车型选择

由于各类危险货物形态不同、性质不同、包装形式不一，因此所选用的车型也不同，如液化石油气是成吨批量运输，多使用压力容器的液化气罐车运输；而居民日常生活所需的瓶装液化石油气，就可以选用普通（栏板）货车运送。因此，根据危险货物的不同形态、性质、不同包装，选择合适车型是十分重要。以下介绍车型选择的基本要求。

1.普通（栏板）货车

钢瓶（如氧气瓶、煤气罐等）、小包装的易燃液体、易燃固体、自燃物品、无机氧化剂、毒性物质（低毒）、固体腐蚀品，应选用普通（栏板）货车运输。普通货车运输，通常有以下形式。

（1）由于普通货车尤其是小型货车具有装卸（取货）容易的特点，故常用于配送需要频繁装卸的货物，如为居民配送煤气罐（液化气罐），如图3-1所示。其中直立气瓶高出栏板部分不得大于气瓶高度的四分之一。

图3-1 煤气罐运输

（2）1000L以上的大型气瓶，可以用普通货车运输，如图3-2所示。

2.厢式货车

爆炸物品、遇水放出易燃气体的物质、固体剧毒品、感染性物质、有机过氧化物应选用厢式货车（图3-3）。

图3-2 大型气瓶运输

图3-3 厢式货车

3.罐车

易燃液体（如汽油、柴油、甲醇、乙醇）应选用常压容器罐车［图3-4a）］。气体（含受压、低温）应选用压力容器专用罐车，如运输液化天然气（LNG）的罐车［图3-4b）］。

a)汽油、柴油运输罐车

b)运输液化天然气（LNG）的罐车

图3-4 罐车运输

4.集装束、集装罐

压缩天然气（CNG）应选用集装束（图3-5）。

图3-5　集装束

易燃液体、液体剧毒品等化工物品应选用罐式集装箱(图3-6)。

图3-6　罐式集装箱

5.其他

液体腐蚀品货物,应选用化工物品专用罐车、可移动罐体车或罐式集装箱运输。有机过氧化物、感染性物品应选用控温车型。

危险货物运输车辆与普通货物运输车辆的运输对象不同,不同车型除根据车辆技术状况配备的工属具有区别外,对车辆安全设施也有特殊要求。

二、车辆的适装要求

1.普通(栏板)货车

车厢底板必须平整完好,周围栏板必须牢固;不得装运爆炸品、剧毒化学品。

2.厢式货车

厢式货车又叫厢式车,主要用于全密封运输各种物品,特殊种类的厢式货车还可运输危险化学品。它具有机动灵活、操作方便,工作高效,充分利用空间及安全、可靠等优点。按照用途不同可分为:厢式货车、仓栅式运输车、封闭货车、控温厢式货车。

(1)厢式货车。

驾驶室与车厢分离,各成一室的载货汽车。厢体大多数是木质、钢板或钢木结合的,可以固定在栏板货车的底板上。其紧固装置必须牢固,不能使厢体滑落。厢式货车装运的危险货物大多数是单一品种的货物,不得装入性质相抵触的危险货物。

厢式货车适宜运输爆炸物品、遇水放出易燃气体的物质、氧化性物质及毒性物质等危险货物，在运输中能防止危险货物货损、货差和丢失；能起到防雨、防雷等保护作用。在装运易燃、易爆危险货物时，应使用木质底板车厢。如是铁质底板，应采取衬垫措施（如铺垫木板、胶合板、橡胶板等），但不能使用谷草、草片等松软易燃材料；货厢内的蒙皮，应采用有色金属或不易发火的非金属材料，货厢面板内外蒙皮之间应采用阻燃隔热材料填充，厢体侧壁或前后壁板应根据需要设置具有防雨功能的通风窗。

（2）仓栅式货车。

载货部位的结构为仓笼式或栅栏式且与驾驶室各自独立的载货汽车；载货部位的顶部应安装有与侧面栅栏固定的、不能拆卸和调整的顶棚杆（图3-7）。

图3-7 仓栅式货车

（3）封闭货车。

载货部位的结构为封闭厢体且与驾驶室联成一体，车身结构为一厢式或两厢式的载货汽车（图3-8）。不得装运爆炸品、剧毒化学品以及易燃易爆、有毒气体等危险货物。因为，一旦危险货物发生泄漏，车厢内充满有害气体，会使驾驶人员失去驾驶能力，甚至中毒有生命危险，而且还会因车辆失控造成行驶道路附近车辆、人员和财产损失，后果不堪设想。

图3-8 封闭货车

（4）控温厢式货车。

控温厢式货车，其车厢内应有制冷或加温装置以及保温措施，驾驶室应有温度监控系统。根据所装危险货物的特殊要求，车辆还要有防振、防爆、隔热、防止产生火花、排除静电等装置，且厢体密封性能要好，不能因厢体不严密，造成温度升高或下降，确保危险货物在恒温或冷藏条件下完成运输。其恒温或制冷装置在一个箱体内，除正常工作使用外，还应有一套或一套以上备用控温装置。一旦正常工作的装置发生故障，备用控温装置能及时正常工作，保证运送任务的完成。这类厢式货车多数从事有机过氧化物、疫苗、菌苗的运输。控温厢式货车，也称为冷藏车（图3-9）。

图3-9 控温厢式货车

3. 集装箱运输车

集装箱运输是一种"集零为整"的成组运输,《危规》中提到的集装箱,是指符合国家标准、能满足多式联运要求、国内外通用的集装箱。《集装箱术语》(GB/T 1992)和《系列 1 集装箱 分类、尺寸和额定质量》(GB/T 1413)中,将集装箱定义为符合下列条件的一种供货物运输的设备:

(1)具有足够的强度和刚度,可长期反复使用。

(2)适于一种或多种运输方式载运,在途中转运时,箱内货物不需换装。

(3)具有便于快速装卸或搬运的装置,特别是从一种运输方式转移到另一种运输方式。

(4)便于货物的装满或卸空。

(5)具有 1m³ 及其以上的容积。

(6)是一种按照确保安全的要求设计,并具有防御无关人员轻易进入的货运工具。

由此可知,"集装箱"既不包括车辆,也不包括一般的货物包装。

目前在危险货物道路运输中广泛使用的集装箱是通用集装箱和罐式集装箱(也称为"集装罐""罐箱")。罐式集装箱是一种带有 20 英尺国际标准集装箱外部框架的不锈钢压力容器,其设计和制造完全采用 ISO 668,ISO 830,ISO 1490-3,ISO 1161,ISO 9669 标准,因而其起吊、堆存、绑固和运输方式完全等同于 20 英尺国际标准集装箱。容积从 7500 ~ 26000L,工作压力从 1.75 ~ 38.5 个大气压的全系列罐箱,可满足国内外各种流体物资的生产者、使用者和涉及化工、食品、医药、军工等流体物资运输与储存的物流操作者的各种需要。罐式集装箱是由箱体框架和罐体两部分组成的集装箱,有单罐式(图 3-10)和多罐式两种。罐式集装箱主要运输液体化工物品、气体等危险货物。一般讲的集装箱运输是包括集装罐运输的。常用的罐式集装箱有普通罐箱、气体罐箱、加热罐箱。

图 3-10 集装箱运输

罐式集装箱与罐式专用车辆不是同一概念,罐式集装箱是适用于集装箱运输车辆的设备,它不属于车辆的固有部件或总成。道路运输液体危险货物罐式专用车辆系指罐体内装运液体危险货物,且与定型汽车底盘或半挂车车架永久性连接的道路运输罐式车辆,罐体属于车辆的固有部件。《危规》对集装箱和罐式专用车辆有不同的管理要求。

罐式集装箱运输与罐式专用车辆对比,有以下优势:

（1）安全。

严格和全面的安全认证。罐式集装箱投入运营前，其设计、制造和认证要满足 ISO 的有关标准要求，使用过程中每两年半，至少要由国际公认的检验认可机构进行一次法定检验，并按照 ITCO（国际罐式集装箱组织）的国际标准监控罐式集装箱状况。

罐式集装箱的罐胆，采用高强度不锈钢制造，选罐时还要由专业罐式集装箱人员和最终用户的技术专业人员的认可，是公认的最安全的无污染化工品运输工具。在将化工品向世界各地分拨运输中，同其他方式相比，这是世界上绝无仅有的无泄漏、无跑冒和无污染工具。图 3-11 所示为罐式集装箱运输时，车辆侧翻，罐体无任何泄漏的情况。

图 3-11　重罐车侧翻集装罐无泄漏

此外，由于罐式集装箱是临时固定在拖挂车上的，故在罐式集装箱运输发生事故时，可以将罐式集装箱与车体分离，仅针对罐式集装箱施救。例如，2005 年京沪高速公路江苏省淮安市"3·29"特大道路交通事故导致液氯泄漏。其原因之一是，肇事车辆（罐车）严重超载（核载 15t，实载 40.44t，超载 169.6%）。在施救过程中，第一辆吊车赶到现场对侧翻罐车施救，由于罐车太重未能将侧翻的罐车扶正，从而延误了最佳施救时间（待第二辆吊车赶到后，才将罐车扶正），扩大、加重了事故危害。

（2）灵活。

罐式集装箱的使用模式灵活多样，作为国际标准集装箱，适用于公路、铁路及水上的运输和仓储。实现了液体物资在不同运输方式间的直接转换，与铁路槽车和液体散装船相比，根本用不着车站码头上的储运及转换设施，尤其对一些新客户极为方便。与公路罐车相比，无须企业配备专用的罐车和驾驶员，只需租借罐式集装箱后选择最理想的承运方即可，同时也不用为不同产品配备不同的罐车。

由于是车体与箱体分离，可根据生产及销售的实际状况，单独使用车体，使车体的利用率达到最大化。同时，罐式集装箱的容积也是多样可选的。

（3）快捷。

罐式集装箱的操作便捷。罐式集装箱简化了产品的发运过程，从产地到用户，门到门一步到位。不会有昂贵而耗时的倒罐、集港、装箱、拆箱等过程，减少了货物的污染机会，减少了货物倒装搬运过程中的货损。与罐车相比是真正无中间环节的"门到门"运输。

（4）环保。

罐式集装箱符合绿色物流的发展趋势。污染环境的做法越来越不为人们所接受。而罐式集装箱运输不存在货物跑冒及废桶的处理问题,丝毫不会对环境造成污染。

欧美等发达国家颁布的关于必须使用罐式集装箱的法律已充分说明了罐式集装箱在环保方面不可比拟的优势。

值得注意的是,集装箱装运危险货物,应考虑的是危险货物化学性质的抵触性、敏感性,在同一箱体内不得装入性质相抵触的危险货物;更要注意危险货物的配载规定,如果小箱体达不到隔离间距,不应强行配装,避免发生事故。

第三节　危险货物道路运输车辆限制

由于危险货物所特有的理化性质,具有一定的潜在危险性,在运输装卸过程中,对于环境、温度、湿度、振动、摩擦、冲击等因素的防范,要求非常严格。为此,《危规》和《道路运输爆炸品和剧毒化学品车辆安全技术条件》(GB 20300—2018)、《道路运输液体危险货物罐式车辆　第1部分:金属常压罐体技术要求》(GB18564.1—2006)、《道路运输液体危险货物罐式车辆　第2部分:非金属常压罐体技术要求》(GB18564.2—2008)、《危险货物道路运输规则　第5部分:托运要求》(JT/T 617.5—2018)、《危险货物道路运输规则　第6部分:装卸条件及作业要求》(JT/T 617.6—2018)等国家和行业标准中,对危险货物道路运输车辆作了一些特殊的限制。

一、车型的限制

1.禁止使用报废等车辆

首先是禁止使用报废的、擅自改装的、检测不合格的、车辆技术等级达不到一级的和其他不符合国家规定的车辆从事危险货物道路运输。道路运输管理机构对有上述情况或者经检测不符合国家强制性标准要求的已取得《道路运输证》的专用车辆,应当及时收回其《道路运输证》。

2.各种客车、客货两用车、三轮机动车、摩托车和非机动(含畜力车),禁止运输危险货物

各种客车、客货两用车、三轮机动车、摩托车和非机动(含畜力车),禁止运输危险货物。这里分为两种情况,一是客车不能载货是《道路交通安全法》的基本要求,当然客车更不能载运危险货物;二是由于三轮机动车等其他运输车辆在运输途中存在不稳定性和不安全性,所以禁止运输危险货物。如三轮机动车、摩托车虽然是机动车辆,由于行驶中的不稳定性及危险货物装载部位的不安全性,易造成事故;非机动车在行驶中容易与行人、机动车混行,易造成意外事故;畜力车牲畜容易受惊吓,发生事故;各种客车、客货两用车由于危险货物与人直接接触,一旦装运的危险货物泄漏,易造成人身伤亡事故。因此,禁止这些车辆运输危险货物。

3. 自卸汽车不得装运危险货物

自卸汽车,是指安装有可使货箱向后或向两侧倾斜而卸货之装置的货车(图3-12)。

图3-12　自卸汽车

由于自卸汽车在运输行驶中,其自卸装置有可能造成误操作而发生事故。因此,自卸汽车不得装运危险货物。为了便于装卸和生产作业的实际需要,允许自卸汽车只能运输散装硫黄、萘饼、粗蒽、煤焦沥青等危险货物。

4. 货车列车禁止从事危险货物运输

货车列车的拖挂车在行驶中颠簸、摆动很大,货物易造成丢失,且挂车与主车连接部位易产生火花等,造成火灾事故。因此,禁止货车列车运输危险货物。但铰接列车、具有特殊装置的大型物件运输专用车辆除外。

5. 移动罐体禁止从事危险货物运输

移动罐体(罐式集装箱除外)禁止从事危险货物运输。移动罐体是指临时固定在车辆底盘上或者放在栏板货车货厢里的常压罐体,并且常压罐体与车辆底盘或货厢尺寸基本相同。在运输过程中,由于移动罐体容易脱落移位(尤其在车辆转弯时),故移动罐体运输危险货物的事故频发,且危害极大。

二、车况的限制

危险货物道路运输车辆的车况,是确保危险货物道路运输安全和运输服务质量的重要环节。根据《危规》要求,危险货物道路运输车辆的技术性能应符合国家标准《道路运输车辆综合性能要求和检验方法》(GB 18565)的要求,技术等级达到行业标准《道路运输车辆技术等级划分和评定要求》(JT/T 198)规定的一级技术等级。凡不符合一级技术等级标准的车辆,不得运输危险货物。同时,车辆外廓尺寸、轴荷和质量符合国家标准《汽车、挂车及汽车列车外廓尺寸、轴荷及质量限值》(GB 1589)的要求;车辆燃料消耗量符合行业标准《营运货车燃料消耗量限值及测量方法》(JT/T 719)的要求。

三、使用的限制

(1)不得使用罐式专用车辆或者运输有毒、感染性、腐蚀性危险货物的专用车辆运输普通货物。其他专用车辆可以从事食品、生活用品、药品、医疗器具以外的普通货物运输,但应当由运输企业对专用车辆进行消除危害处理,确保不对普通货物造成污染、损害。

为了提高专用车辆的使用效率,《危规》允许、提倡专用车辆在一定的限制条件下,运输普通货物。如集装箱运输车(包括牵引车、挂车)、甩挂运输的牵引车等,在卸载危险货物(集装箱)后,与运输普通货物的车辆一样,不会有任何污染。为了提高车辆利用率,降低企业运输成本,应该鼓励牵引车等专用车辆从事普通货物运输。

允许专用车辆从事普通货物运输时,企业还要注意以下问题:

①出于安全性考虑,《危规》禁止运输有毒物质、感染性物质和腐蚀性物质的专用车辆运输普通货物;

②专用车辆只能从事食品、生活用品、药品、医疗器具以外的普通货物运输;

③运输企业应当负责对专用车辆进行消除危害处理,确保不对普通货物造成污染、损害;

④企业要到县级运管机构,给专用车辆办理增加经营范围(增加普通货运)的手续,不能超范围经营。

(2)不得将危险货物与普通货物混装运输。如危险货物与普通货物混装,若危险货物包装出现破损,易造成对普通货物的污染,产生安全隐患。在现实运输活动中,有的托运人、承运人,为了降低运输成本,在普通货物中夹带危险货物,发生了很多危险货物运输事故,造成很大的生命、财产损失,留下了惨痛的教训。因此,《危规》禁止将危险货物与普通货物混装运输。

(3)不得运输法律、行政法规禁止运输的货物。法律、行政法规规定的限运、凭证运输货物,危险货物道路运输企业或者单位应当按照有关规定办理相关运输手续。危险货物道路运输企业(单位)取得危险货物道路运输资质,可从事危险货物道路运输。但运输其他有法律要求的货物,必须遵守相关法律、行政法规禁运、限运的规定。

四、装载的限制

关于车辆装载的限制,国家有关法规明确规定禁止超载运输;禁止车辆违反国家有关规定超限运输。在此针对危险货物道路运输,介绍有关装载限制。

1. 爆炸品、剧毒化学品、强腐蚀性危险货物的装载限制

《危规》规定,运输爆炸品、强腐蚀性危险货物的罐式专用车辆的罐体容积不得超过 $20m^3$;运输剧毒化学品的罐式专用车辆的罐体容积不得超过 $10m^3$,但符合国家有关标准的罐式集装箱除外;运输剧毒化学品、爆炸品、强腐蚀性危险货物的非罐式专用车辆,核定载质量不得超过 $10t$,但符合国家有关标准的集装箱运输专用车辆除外。

为尽可能减小危险货物运输事故的危害,参照一些发达国家、地区的做法,在危险货物运输中引入"车辆损害管制"的理念。对剧毒、爆炸、强腐蚀性危险货物车辆的最大装载质量进行了明确限制。这样,万一发生运输安全事故,也可以将危害控制在一定程度之内。

在此有两个问题需要强调：

（1）《危规》要求"符合国家有关标准的罐式集装箱除外、符合国家有关标准的集装箱除外"中的有关国家标准是指，《系列 1 集装箱　分类、尺寸和额定质量》（GB/T 1413）等。由于集装箱、罐式集装箱的设计、制造和认证等，都要严格执行有关国家规定；并在使用过程中每两年半，至少要由国际公认的检验认可机构进行一次法定检验，从而保证了集装箱和集装罐的质量、保证了运输安全。如《移动式压力容器安全技术监察规程》（TSG R0005—2011）也要求："罐式集装箱的设计和制造单位除按照国家质检总局的规定取得相应的特种设备设计和制造资质外，对于参与海运、国际联运或者海关监管的罐式集装箱的制造单位还应当按照国务院交通运输主管部门的规定取得相应的产品制造资质"。

（2）在实际工作中，发现有些不法企业为了规避《危规》关于对剧毒化学品、爆炸、强腐蚀性危险货物的容积限制，用角铁、铁皮自制所谓的集装箱、集装罐进行运输。这种行为严重违反了《产品质量法》的有关规定，属于违法行为。

2. 常压罐体的装载限制

由于各种原因，一部分"大吨小标""小车大罐"专用车辆进入危险货物道路运输市场，导致超载超限运输，存在着重大的安全隐患，成为历次安全整治的重点。为防止新的"大吨小标""小车大罐"车辆从事危险货物运输，《危规》要求，危险货物道路运输企业或者单位使用罐式专用车辆运输货物时，罐体载货后的总质量应当和专用车辆核定载质量相匹配；使用牵引车运输货物时，挂车载货后的总质量应当与牵引车的准牵引总质量相匹配。

第四节　危险货物道路运输车辆证件

《危规》规定，设区的市级道路运输管理机构，根据危险货物道路运输企业《道路运输经营许可证》的经营范围和车辆的适用性，为专用车辆配发《道路运输证》。

一、《道路运输经营许可证》

设区的市级道路运输管理机构对决定准予许可的，应当向被许可人出具《道路危险货物运输行政许可决定书》，注明许可事项，具体内容应当包括运输危险货物的范围（类别、项别或品名，如果为剧毒化学品应当标注"剧毒"），专用车辆数量、要求以及运输性质，并在 10 日内向危险货物道路运输经营申请人发放《道路运输经营许可证》，向非经营性危险货物道路运输申请人发放《道路危险货物运输许可证》。

《道路运输经营许可证》的"经营范围"，按以下方法填写。

1. 按类许可

《危险货物分类和品名编号》（GB 6944—2012）按危险货物具有的危险性或最主要的危险性，将危险货物分为如下 9 个类别：第 1 类，爆炸品；第 2 类，气体；第 3 类，易燃液体；第 4 类，易燃固体、易于自燃的物质、遇水放出易燃气体的物质；第 5 类，氧化性物质和有机过氧化物;第 6 类,毒性物质和感染性物质;第 7 类,放射性物质;第 8 类,腐蚀性物质;第 9 类,杂项危险物质和物品,包括危害环境物质。

按类许可时,一是如许可剧毒化学品,应在品名后括号标注"剧毒",例如"液氯(剧毒)";二是如许可内容没有剧毒化学品,要在《道路运输经营许可证》经营范围内标注"剧毒化学品除外"。同时,还可许可"医疗废物、危险废物"。

2. 按项许可

《危险货物分类和品名编号》(GB 6944—2012)对第 1 类、第 2 类、第 4 类、第 5 类和第 6 类再分为如下项别,见表 3-7。

第 1 类、第 2 类、第 4 类、第 5 类和第 6 类危险货物项别　　　　表 3-7

类　　别	项　　别
第 1 类　爆炸品	1.1 项　有整体爆炸危险的物质和物品 1.2 项　有进射危险,但无整体爆炸危险的物质和物品 1.3 项　有燃烧危险并有局部爆炸危险或局部进射危险或这两种危险都有,但无整体爆炸危险的物质和物品 1.4 项　不呈现重大危险的物质和物品 1.5 项　有整体爆炸危险的非常不敏感物质 1.6 项　无整体爆炸危险的极端不敏感物品
第 2 类　气体	2.1 项　易燃气体 2.2 项　非易燃无毒气体 2.3 项　毒性气体
第 4 类　易燃固体、易于自燃的物质、遇水放出易燃气体的物质。	4.1 项　易燃固体、自反应物质和固态退敏爆炸品 4.2 项　易于自燃的物质 4.3 项　遇水放出易燃气体的物质
第 5 类　氧化性物质和有机过氧化物	5.1 项　氧化性物质 5.2 项　有机过氧化物
第 6 类　毒性物质和感染性物质	6.1 项　毒性物质 6.2 项　感染性物质

3. 按品名许可

填写危险货物的具体品名。

按品名许可时,一是从事剧毒化学品运输的在经营范围中除了注明相应的类别、项别或品名以外,还应标注"剧毒";二是从事危险废物、医疗废物运输的,在经营范围中注明"危险废物、医疗废物";三是在申请某一项经营范围时,不用同时填注本类;申请某一品名时,不同时填写本项、本类。如选择了"打火机 UN 1057,CN 21020",就不再选择"2.1 项"和"第 2 类"了;如选择了"第 1.1 项",就不再选择"第 1 类"了。

二、《道路运输证》

《道路运输证》的"经营范围"与《道路运输经营许可证》的"经营范围"填写方法基本一样。如企业的经营范围是危险货物运输（第3类、第4.1项），则为该企业罐式专用车辆配发《道路运输证》时，其"经营范围"只可标注"汽油""柴油"等具体的危险货物品名。

1.基本要求

《危规》第十四条第二款规定，原许可机关应当对被许可人落实的专用车辆、设备予以核实，对符合许可条件的专用车辆配发《道路运输证》，并在《道路运输证》经营范围栏内注明允许运输的危险货物类别、项别或者品名，如果为剧毒化学品应标注"剧毒"；对从事非经营性危险货物道路运输的车辆，还应当加盖"非经营性危险货物运输专用章"。

在此强调，《道路运输证》的经营范围，不得超过《道路运输经营许可证》的经营范围。

2.罐车《道路运输证》经营范围的填写

罐车要按照该车《道路机动车辆生产企业及产品公告》或《危险化学品运输汽车罐体委托检验报告》（罐体检验合格证）允许的充装介质进行充装。也就是说，《道路机动车辆生产企业及产品公告》或《危险化学品运输汽车罐体委托检验报告》允许的充装介质是运管机构填写《道路运输证》经营范围的依据，必须执行；危险货物道路运输企业也要依据《道路机动车辆生产企业及产品公告》或《危险化学品运输汽车罐体委托检验报告》允许的充装介质进行充装、运输。

3.牵引车《道路运输证》的"经营范围"与挂车《道路运输证》的"经营范围"的关系

挂车《道路运输证》的"经营范围"，不能超过其运输时牵引车《道路运输证》的"经营范围"。当然，牵引车《道路运输证》的"经营范围"，也不能超过本企业《道路运输经营许可证》的"经营范围"。

具体讲，针对企业、牵引车，可按类、项填写。如填写：道路危险货物运输（第1类、第2.2项）；针对栏板货车，可按类、项填写。如填写：道路危险货物运输（第2.1项、第2.2项）；针对罐车，只能填写具体的危险货物品名。如填写：道路危险货物运输（汽油）、道路危险货物运输（柴油）等；如是危险废物、医疗废物道路运输，应填写为：道路危险货物运输（危险废物）、道路危险货物运输（医疗废物）。

4.危险货物道路运输企业不得超范围经营

《危规》第二十八条规定，道路危险货物运输企业或者单位应当严格按照道路运输管理机构决定的许可事项从事道路危险货物运输活动，不得转让、出租道路危险货物运输许可证件。严禁非经营性道路危险货物运输单位从事道路危险货物运输经营活动。

危险货物道路运输的经营许可和证件，是经营者具备相应经营条件依法从事危险货物道路运输的重要凭证。所以危险货物道路运输经营活动必须按照道路运输管理机构许可事项进行，不得超范围经营。同时不得转让，不得出租经营许可证件。下面分两种情况进行说明：

危险货物道路运输经营活动超越了许可事项,属于未经许可从事经营活动。这里包括几种情形:第一种是所运输危险货物的类别、项别超越了所许可的类别、项别;另一种是非经营性危险货物道路运输单位从事危险货物道路运输经营活动。因为不同危险货物的危险性和危害程度不一致,对车辆、设备、设施的要求也不一致,这些在申请道路运输危险货物许可时都已经过了严格的审查,所批准运输的范围和申请人所具备的能力条件是一致的。如果超越批准的经营范围运输,就会造成运输能力与运输的危险货物不一致,是重大的事故隐患,应当严格禁止。超范围经营同时也是对合法取得经营资格合法运输者的权益侵害。

还有一种情况值得注意,业内许多人认为,运输危险货物的专业性和技术性都比运输普通货物高,故具有危险货物道路运输资质就可以运输普通货物。但在实际工作中问题并不是那么简单,首先要根据本规定的第三十一条的要求,研究一下是否符合运输普通货物的条件;如果符合其要求,企业还要到县级道路运输管理机构办理运输普通货物的资质,并在符合条件车辆的《道路运输证》增加普通货物运输的经营范围。否则,具有危险货物道路运输资质的企业、车辆在未办理增项(增加普通货物运输)手续的情况下,进行普通货物运输,属超范围经营。

第四章　危险货物道路运输车辆技术条件

本章主要介绍危险货物道路运输车辆安全设备技术要求，爆炸品、剧毒化学品道路运输车辆技术要求、常压容器罐车技术要求以及压力容器罐车技术要求等内容。

第一节　危险货物道路运输车辆通用技术条件

本节主要介绍危险货物道路运输车辆(专用车辆)的通用技术条件，包括基本要求、电源总开关、导静电拖地带、排气管火花熄灭器、消防器材、标志灯和标志牌等。

一、基本要求

危险货物道路运输车辆与普通货物道路运输车辆的运输对象不同，不同车型除根据车辆技术状况配备的工属具有区别外，对车辆安全设备也有特殊要求。

(1)装运大型运输容器、集装箱、集装罐柜等的车辆，必须设置牢固、安全且有效的紧固装置。

(2)装运大型气瓶的车辆必须配置活络插桩、三角垫木、紧绳器等工具，保持车辆装载平衡，防止气瓶在行驶中滚动，以保证运输安全。

(3)根据所装危险货物性质和包装形式的需要，还须配备相应的捆扎用大绳、防散失用的网罩、防水用的苫布等工、属具。

(4)根据所运危险货物的性质，配备相应的消防器材、安全防护设备，其功能、数量应与危险货物性质相匹配、能满足应急需要。在实际工作中，企业可以参考危险货物《化学品安全技术说明书》《化学品安全标签》的有关要求。

(5)对装运危险货物的专用车辆、设备、搬运工具、防护用品等，应定期进行污染程度的检查，被污染的不得继续使用。

(6)应根据所装运的危险货物性质，采取相应的遮阳、控温、防爆、防火、防振、防水、防冻、防粉尘飞扬、防静电、防洒漏等措施。

(7)报废的、擅自改装的、达不到一级技术等级的或者其他不符合国家规定要求的车辆、设备，禁止从事危险货物道路运输活动。

(8)运输易燃易爆危险货物的车辆的发动机排气管应安装在车身前部，并安装隔热和熄灭火星装置，配装符合《汽车导静电橡胶拖地带》(JT/T 230)规定的导静电橡胶拖地带装置。

二、电源总开关

《危险货物运输车辆结构要求》(GB 21668)要求，驾驶室内应设置用于电源总开关切断操作的控制装置。因车辆电路系统的电线使用时间过久时,塑胶层容易老化,导致胶层脱落,易搭铁形成短路,引起火花而造成火灾事故的发生,故要求车辆必须在驾驶室安装便于驾驶员能随时切断整车电路的电源总开关。在发生交通事故后,及时关闭电源总开关,迅速切断整车电路,可以大大减少发生次生事故的概率,避免造成更大的人员伤亡和财产损失。一般易燃易爆危险货物运输车辆电源总开关布置在驾驶室仪表盘上,指示键标志是"〇"(图4-1)。驾驶员应认真检查车辆电源总开关装置的安装,不符合规定的,应及时整改。

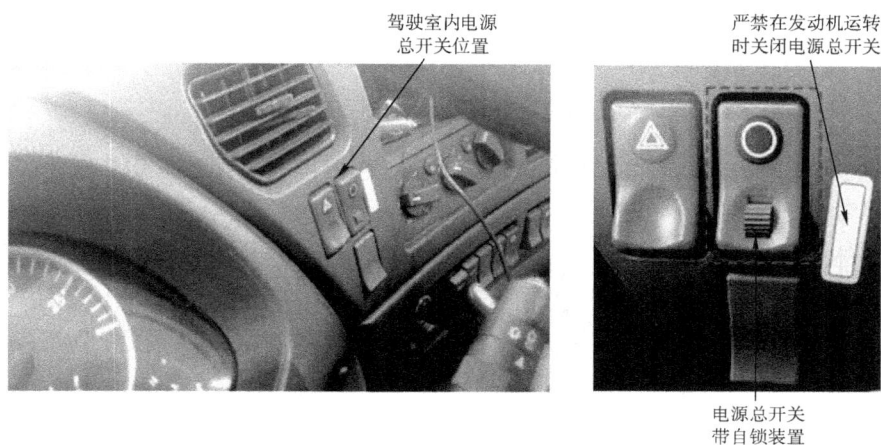

图 4-1　驾驶室仪表板电源总开关标识

为确保安全,除下列部件外,所有的电路都应有保险丝或电路自动跳闸:

(1)从电池到发动机的冷起动和停止系统;

(2)从电池到交流发电机;

(3)从交流发电机到保险丝或闸箱电路;

(4)从电池到起动机;

(5)如果此系统是电子或电磁的,从电池到持久性闸系统的电源控制箱;

(6)从电池到转向支架的提升机构。

三、导静电拖地带

装运易燃、易爆危险货物的车辆,必须配备符合《汽车导静电橡胶拖地带》(JT/T 230)要求的导静电装置。因为大部分易燃、易爆液体的电阻率大,运输过程中在罐体内晃动,会与罐体内表面摩擦产生大量静电。这些静电聚集后放电将引起电火花,存在引燃运输货物的危险。而通过拖地带橡胶层中的金属导体与地面接触及时排除静电,可减少静电的聚集,避免因静电聚集放电引起货物燃烧或爆炸,达到安全运输的目的。此外,空车也要将拖地带底端接地,避免需要排除静电时而没有接地造成意外。导静电橡胶拖地装置,如图4-2所示。

图 4-2 导静电橡胶拖地装置

四、排气管火花熄灭器

危险货物运输车辆的排气管，必须符合国家标准《机动车排气火花熄灭器》（GB 13365—2005）的规定。因为汽车在运行中，排气管排的气温度很高，有时可烧红排气管。由于高温、高热引起的热传导或热辐射有可能引燃汽油、苯、溶剂油等易燃物质、甚至爆炸。易燃液体的挥发性极强，挥发出气体一旦遇明火、高温就会燃烧、爆炸。所以，要求排气管上面要加装隔热装置。同时，排气管排出的废气中，难免有火星，这将对危险货物运输车辆进入化工生产单位、储存库场带来火灾事故的隐患。所以，从事爆炸品、易燃易爆化学品的运输车辆，必须安装排气管火花熄灭器，以确保安全运输。排气火花熄灭装置图例及安装位置，如图 4-3 所示。

图 4-3 排气火花熄灭装置图例及安装位置

五、消防器材

从事危险货物道路运输的车辆，必须配备与所运的危险货物性能相适应、有效的消防器材。危险货物品种繁多，性质各异，有的易燃易爆（如汽油、酒精、液化石油气等）；有的遇水反应会分解出大量易燃气体（如金属钠、碳化钙等）；有的遇酸会分解释放出大量的剧毒气体（如氯化物等）；大多数易燃液体具有不溶于水，且密度小于水的理化特性。同样，消防器材种类、规格多样，性能不同，灭火效果各异，如酸碱灭火器、泡沫灭火器、二氧化碳灭火器、干粉灭火器等，水、砂土也是重要的灭火手段。不管哪种灭火方式，都要慎重选择。不同的灭火器，所喷出的灭火药剂性质也不同，所产生的效果也不同。消防器材的配备，也可以参考危险货物《化学品安全技术说明书》《化学品安全标签》等有关要求。

知识链接

《危险货物道路运输规则 第7部分:运输条件及作业要求》
(JT/T 617.7—2018)中的相关要求

4.3 灭火器具

4.3.1 运输单元运载危险货物时,应随车携带便携式灭火器。灭火器应适用于扑救GB/T 4968 规定的 A、B、C 三类火灾。

4.3.2 便携式灭火器的数量及容量应符合下表的规定。运输剧毒和爆炸品的车辆灭火器数量要求应符合 GB 20300 的规定。

运输单元应携带的便携式灭火器数量及容量要求

运输单元最大总质量 M (t)	灭火器配置最小数量 (个)	适用于发动机或驾驶室的灭火器		额外灭火器	
		最小数量 (个)	最小容量 (kg)	最小数量 (个)	最小容量 (kg)
M≤3.5	2	1	1	1	2
3.5 < M≤7.5	2	1	1	1	4
M >7.5	3			2	4

注:容量是指干粉灭火剂(或其他同等效用的适用灭火剂)的容量。

4.3.3 符合 JT/T 617.1—2018 中 5.1 规定的运输单元,应配备至少 1 个最小容量为 2kg 干粉灭火器(或其他同等效用的适用灭火器)。

4.3.4 便携式灭火器应满足有关车用便携式灭火器的规定。如果车辆已装备可用于扑灭发动机起火的固定式灭火器,则其所携带的便携式灭火器无须适用于扑灭发动机起火。

4.3.5 便携式灭火器应在检验合格有效期内。

4.3.6 灭火器应放置于运输单元中易于被车组人员拿取的地方。

扑救危险货物火灾,是一项比较科学、复杂的灭火过程,如果灭火方法不恰当,有可能使火灾扩大,有的还可能导致爆炸、中毒等事故,造成不必要的伤亡和财产损失,这一点必须引起注意。

知识链接

手提式灭火器

手提式灭火器一般分为四类:

干粉灭火器;ABC 型灭火器;二氧化碳灭火器;泡沫灭火器。

1.干粉灭火器使用范围

可扑灭一般火灾,还可扑灭油、气等燃烧引起的失火。

干粉灭火器是利用二氧化碳气体或氮气气体作动力,将筒内的干粉喷出灭火的。干粉是一种干燥的、易于流动的微细固体粉末,由能灭火的基料和防潮剂、流动促进剂、结块防止剂等添加剂组成。主要用于扑救石油、有机溶剂等易燃液体、可燃气体和电气设备的初起火灾。干粉灭火器按移动方式分为手提式、背负式和推车式三种。

2. ABC 型灭火器使用范围

ABC 型干粉灭火器可以扑救 A、B、C 类火灾。其中,A 类火灾是指普通固体可燃物燃烧引起的火灾,如木材及其制品,棉花、服装、谷物,合成纤维、合成塑料、合成橡胶,建筑材料、服装材料等火灾;B 类火灾是指油脂及一切可燃液体燃烧引起的火灾,如原油、汽油、煤油、乙醇(酒精)、苯、乙醚、二硫化碳等火灾;C 类火灾是指可燃气体燃烧引起的火灾,如甲烷、乙烷、氢气、煤矿气、天然气等火灾。

3. 二氧化碳灭火器使用范围

二氧化碳灭火器主要用于扑救贵重设备、档案资料、仪器仪表、600 伏以下电气设备及油类的初起火灾。二氧化碳具有较高的密度,约为空气的 1.5 倍。在常压下,液态的二氧化碳会立即汽化,一般 1kg 的液态二氧化碳可产生约 $0.5m^3$ 的气体。因而,灭火时,二氧化碳气体可以排除空气而包围在燃烧物体的表面或分布于较密闭的空间中,降低可燃物周围或防护空间内的氧浓度,产生窒息作用而灭火。另外,二氧化碳从储存容器中喷出时,会由液体迅速汽化成气体,而从周围吸收部分热量,起到冷却的作用。

4. 泡沫灭火器使用范围

它除了用于扑救一般固体物质火灾外,还能扑救油类等可燃液体火灾,但不能扑救带电设备和醇、酮、酯、醚等有机溶剂的火灾。泡沫灭火器有 MP 型手提式、MPZ 型手提舟车式和 MPT 型推车式三种类型。

六、标志灯和标志牌

专用车辆应按照国家标准《道路运输危险货物车辆标志》(GB 13392—2005)的要求,设置危险品标志灯和标志牌。危险货物道路运输车辆标志是危险货物道路运输车辆区别于其他车辆的主要标志,在危险货物运输过程中起到了重要的警示及救援参照作用,一旦发生运输安全事故,抢险救灾部门可根据标志提示,迅速确定危险货物的类别、项别,及时、正确地制订抢险方案,将事故危害降到最低程度。

1. 标志灯

标志灯的主要功用是在行车时,特别是夜间行车时对迎面驶来的会车车辆起警示作用。根据这一功用要求,一是通过加入荧光材料或贴覆荧光膜的制作工艺,使灯体部分可以在夜间车辆正常行驶时发出一定强度的可见光;二是标志灯上的线条和汉字与基色成对比色,且使用反光材料印刷或贴覆,有效保证标志灯在夜间的正常工作。

标志灯按照安装方法分三种类型:A 型为磁吸式、B 型为顶檐支撑式、C 型为金属托架式。其中 B 型、C 型标志灯又按车辆载质量各分为三种型号：即 BI、BII、BIII 和 CI、CII、CIII，分别适用于轻、中、重型载货汽车。如一辆载质量为 8t 的危险货物专用车辆，应该选择安装 BII 型号标志灯；又如一辆载质量为 20t 的带导流罩危险货物运输专用车辆，应该选择安装 CIII 型号标志灯。标志灯的具体分类、尺寸规格和安装要求参见 GB 13392。

2. 标志牌

标志牌的主要功用是在行车时对后面驶近的超车车辆起警示作用，在驻车和车辆遇险时对周围人群起警示作用，对专业救援人员起指示作用。

根据这一功用要求，一是标志牌图形采用了与国际接轨的危险货物指示图案、类项代号，以及易于被中国人识别的中文危险货物类别或类项名称；二是基板贴覆定向反光膜，图案、线条、字体均使用反光材料印刷，有效保证了标志牌的正常工作。具体的悬挂要求参见 GB 13392。

3. 矩形标志牌

在《危险货物道路运输规则　第 5 部分：托运要求》（JT/T 617.5—2018）中提出了悬挂矩形标志牌的要求（图 4-4）。

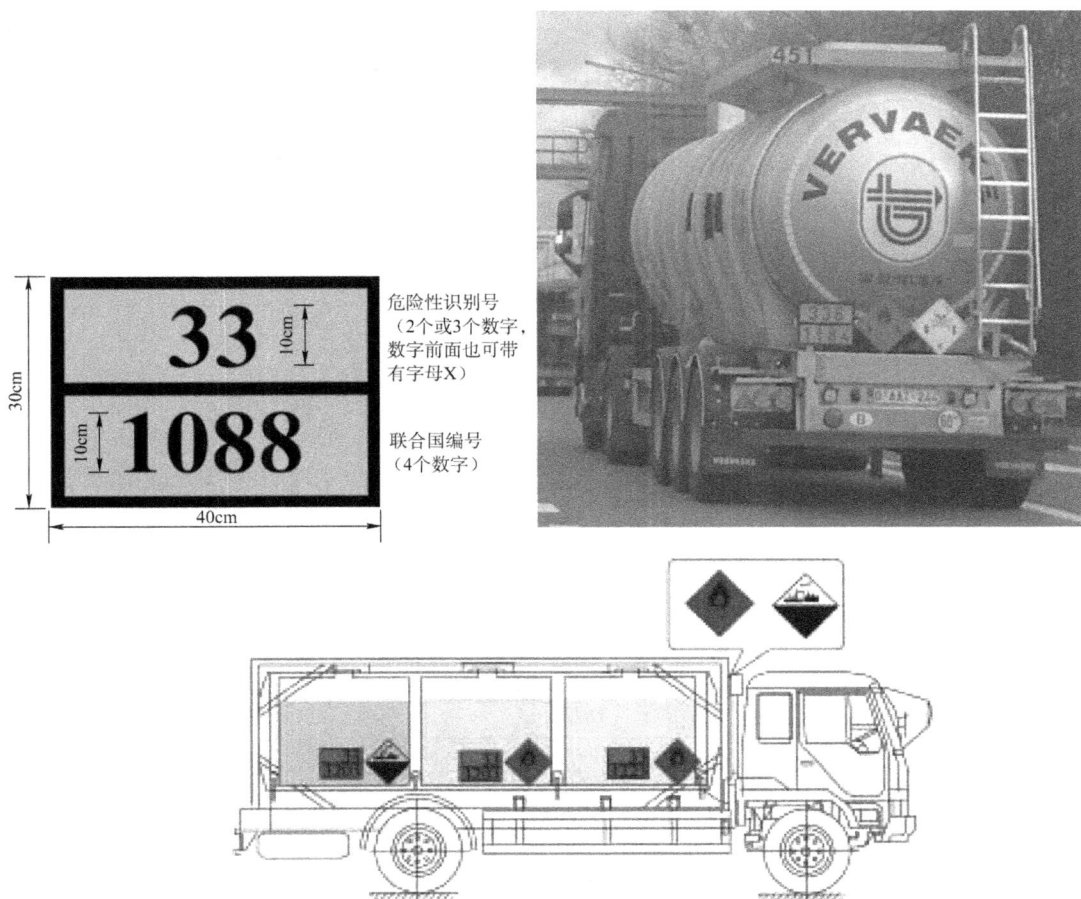

图 4-4　矩形标志牌图例

知识链接

《危险货物道路运输规则 第5部分:托运要求》
(JT/T 617.5—2018)中的相关要求

7.2.1 矩形标志牌的规格

7.2.1.1 矩形标志牌材质应反光,板底长400mm、高300mm,并有15mm宽的黑色水平边缘线将其分为两部分,周边边缘线宽15mm。使用的材料应能够经受日晒雨淋而不显著减弱其显示功能。

7.2.1.2 若车辆没有足够大的表面悬挂矩形标志牌,可将标志牌的底板长度缩小为300mm、高度缩小为120mm、黑色边缘线缩小为10mm。

7.2.1.3 对于运输散装固体物质的集装箱、罐式集装箱和可移动罐柜,7.2.2.2、7.2.2.4和7.2.2.5规定的矩形标志牌可用自粘板、喷涂或其他等效方式,但应符合矩形标志牌的规格要求,7.2.1.4中耐火性规定除外。

7.2.1.4 矩形标志牌显示了危险货物的危险性识别号和UN编号。危险性识别号和UN编号为黑色数字,高100mm、宽15mm。危险性识别号应刻于矩形标志牌上部,UN编号刻于矩形标志牌下部;中间为15mm粗的黑色横线。底色为橙色,边缘、水平线和数字为黑色。危险性识别号和UN编号应清晰可见,放在大火中烧15min后应不影响其显示功能,但所有要素均应与图例比例一致。

7.2.1.5 带有危险性识别号和UN编号的矩形标志牌图例如图4-4所示。

7.2.1.6 矩形标志牌允许的尺寸浮动范围为±10%。

7.2.1.7 危险性识别号由2个或3个阿拉伯数字组成,要求如下:

a)危险性识别号的双写数字表示重点强调此类特别危害性。

b)某一物质的危害性由单个数字表示时,数字后应加0。

c)某种危险性识别号以"X"打头,表示该物质会与水发生危险化学反应。对于这类物质,只有在专家允许后,才能用水进行应急处理。

d)JT/T 617.3—2018中表A.1中第(20)列中的危险性识别号及含义如下表所示。

危险性识别号及含义

危险性识别号	含　义
20	导致窒息的气体或无次要危险性的气体
22	冷冻液化气体,窒息性
223	冷冻液化气体,易燃性
225	冷冻液化气体,氧化性(助燃型)
23	易燃气体
238	气体,易燃且具有腐蚀性

续上表

危险性识别号	含　义
239	易燃气体,能自发引起剧烈反应
25	氧化性(助燃型)气体
26	毒性气体
263	毒性气体,易燃性
265	毒性气体,氧化性(助燃型)
268	毒性气体,腐蚀性
28	气体,腐蚀性
30	易燃液体或自发热液体
323	遇水反应的易燃液体,释放易燃气体
X323	遇水发生危险化学反应的易燃液体,释放易燃气体(专家允许后,才能用水进行应急处置)
33	高易燃性液体(闪点低于23℃)
333	自燃液体
X333	遇水发生危险化学反应的自燃液体(专家允许后,才能用水进行应急处置)
336	高易燃性液体,毒性
338	高易燃性液体,腐蚀性
X338	高易燃性液体,腐蚀性,遇水发生危险化学反应(专家允许后,才能用水进行应急处置)
339	高易燃性液体,自发引起剧烈反应
36	易燃性液体,轻微毒性;或自发热液体,毒性
362	易燃液体,毒性,遇水反应,释放可燃气体
X362	易燃毒性液体,遇水发生危险化学反应,释放易燃气体(专家允许后,才能用水进行应急处置)
368	易燃液体,毒性,腐蚀性
38	易燃液体,轻微腐蚀性;或自发热液体,腐蚀性
382	易燃液体,腐蚀性,遇水反应,释放易燃气体
X382	易燃液体,腐蚀性,遇水发生危险化学反应,释放易燃气体(专家允许后,才能用水进行应急处置)
39	易燃液体,自发引起剧烈反应
40	易燃固体,或自反应物质,或自发热物质
423	遇水反应的固体,释放易燃气体,或遇水反应的易燃固体,释放易燃气体或遇水反应的自发热固体,释放易燃气体
X423	遇水发生危险化学反应的固体,释放易燃气体,或遇水发生危险化学反应的易燃固体,释放易燃气体,遇水发生危险化学反应的自发热固体,释放易燃气体(专家允许后,才能用水进行应急处置)

危险性识别号	含　义
43	自发易燃（自燃）的固体
X432	遇水发生危险化学反应的自发易燃（自燃）固体，释放易燃气体（专家允许后，才能用水进行应急处置）
44	易燃固体，在高温下呈熔化状态
446	易燃固体，毒性，在高温下呈熔化状态
46	易燃或自发热固体，毒性
462	遇水反应的毒性固体，释放易燃气体
X462	遇水发生危险化学反应的固体，释放有毒气体（专家允许后，才能用水进行应急处置）
48	易燃或自发热固体，腐蚀性
482	遇水反应的腐蚀性固体，释放易燃气体
X482	遇水发生危险化学反应的固体，释放腐蚀性气体（专家允许后，才能用水进行应急处置）
50	氧化性（助燃型）物质
539	易燃有机过氧化物
55	强氧化性（助燃型）物质
556	强氧化性（助燃型）物质，毒性
558	强氧化性（助燃型）物质，腐蚀性
559	强氧化性（助燃型）物质，能自发引起剧烈反应
56	氧化性物质（助燃型），毒性
568	氧化性物质（助燃型），毒性，腐蚀性
58	氧化性物质（助燃型），腐蚀性
59	氧化性物质（助燃型），能自发引起剧烈反应
60	毒性或轻微毒性物质
606	感染性物质
623	遇水反应的毒性液体，释放易燃气体
63	毒性物质，易燃（闪点在23℃和60℃之间，包含23℃和60℃在内）
638	毒性物质，易燃（闪点在23℃和60℃之间，包含23℃和60℃在内），腐蚀性
639	毒性物质，易燃（闪点不高于60℃），能自发引起剧烈反应
64	毒性固体，易燃火自发热
642	遇水反应的毒性固体，释放易燃气体
65	毒性物质，氧化性（助燃型）
66	高毒性物质
663	高毒性物质，易燃（闪点不高于60℃）
664	高度毒性固体，易燃或自发热

危险性识别号	含　义
665	高毒性物质,氧化性(助燃型)
668	高毒性物质,腐蚀性
X668	高毒性物质,腐蚀性,遇水发生危险化学反应(专家允许后,才能用水进行应急处置)
669	高毒性物质,能自发引起剧烈反应
68	毒性物质,腐蚀性
69	毒性或轻微毒性物质,能自发引起剧烈反应
70	放射性材料
78	放射性材料,腐蚀性
80	腐蚀性或轻微腐蚀性物质
X80	腐蚀性或轻微腐蚀性物质,遇水发生危险化学反应(专家允许后,才能用水进行应急处置)
823	遇水反应的腐蚀性液体,释放易燃气体
83	腐蚀性或轻微腐蚀性物质,易燃液体
X83	腐蚀性或轻微腐蚀性物质,易燃液体,遇水发生危险化学反应(专家允许后,才能用水进行应急处置)
839	腐蚀性或轻微腐蚀性物质,易燃(闪点在23℃和60℃之间,包含23℃和60℃在内),自发引起剧烈反应
X839	腐蚀性或轻微腐蚀性物质,易燃(闪点在23℃和60℃之间,包含23℃和60℃在内),自发引起剧烈反应,遇水发生危险化学反应(专家允许后,才能用水进行应急处置)
84	腐蚀性固体,易燃或自发热
842	遇水反应的腐蚀性固体,放射易燃气体
85	腐蚀性或轻微腐蚀性物质,氧化性(助燃型)
856	腐蚀性或轻微腐蚀性物质,氧化性(助燃型)和毒性
86	腐蚀性或轻微腐蚀性物质,毒性
88	高度腐蚀性物质
X88	轻微腐蚀性物质,遇水发生危险化学反应(专家允许后,才能用水进行应急处置)
883	高度腐蚀性物质,易燃性(闪点在23℃和60℃之间,包含23℃和60℃在内)
884	高度腐蚀性固体,易燃或自发热
885	高度腐蚀性物质,氧化性(助燃型)
886	高度腐蚀性物质,毒性
X886	高度腐蚀性物质,毒性,遇水发生危险化学反应(专家允许后,才能用水进行应急处置)
89	腐蚀性或轻微腐蚀性物质,能自发引起剧烈反应

续上表

危险性识别号	含　义
90	危害环境物质,杂项危险物质
99	在高温环境中运输的杂项危险物质

注:第1列中每个数字含义如下:

2　由压力或化学反应导致的气体泄漏

3　液体(蒸汽)、气体和自发热液体的易燃性

4　固体或自发热固体的易燃性

5　氧化(助燃型)作用

6　毒性或感染性危险

7　放射性

8　腐蚀性

9　自发剧烈反应引起的危险(包括物质本身性质具有爆炸性而产生的爆炸可能性,分解和聚合反应后释放大量的热或易燃和/或有毒气体)

第二节　爆炸品、剧毒化学品道路运输车辆技术要求

本节根据《道路运输爆炸品和剧毒化学品车辆安全技术条件》(GB 20300—2018,以下简称 GB 20300)介绍爆炸品、剧毒化学品道路运输车辆的技术要求。

一、基本要求

1.爆炸品

使周围压力急剧上升,发生爆炸,对周围环境造成破坏的物品,GB 20300 中爆炸品是《危险货物品名表》(GB 12268)规定的第一类爆炸品。

2.剧毒化学品

具有非常剧烈毒性危害的化学品,包括人工合成的化学品及混合物(含农药)和天然毒素。GB 20300 中剧毒化学品是列入国家安全生产监督管理总局等十部委公告《危险化学品目录(2015 版)》中的剧毒化学品。

3.发动机

总质量大于 2000kg 的爆炸品运输车辆的发动机应为压燃式。

4.燃料系统

车辆发动机燃料系统的安全防护应符合《机动车运行安全技术条件》(GB 7258)的相关规定。

5.排气系统

排气管均应安装机动车排气火花熄灭器(图 4-5),其性能应符合《机动车排气火花熄灭器》(GB 13365)的规定。

图 4-5 排气火花熄灭器

车辆发动机排气管应置于货箱/罐体前端,排气管的布置应能避免加热和点燃货物,距油箱、油管净距离应小于 200mm,与裸露的电气开关的距离应不小于 100mm;当受车辆结构限制,发动机排气管设置在货厢底板下面时,应在排气管与货厢底板之间加装隔热板。

二、整车要求

1. 车辆轮胎

车辆应装用子午线轮胎,不得使用翻新轮胎。

子午线轮胎一般由胎圈、帘布层、带束层、胎冠和胎肩等部分组成。其中带束层箍紧胎体,如图 4-6 所示。

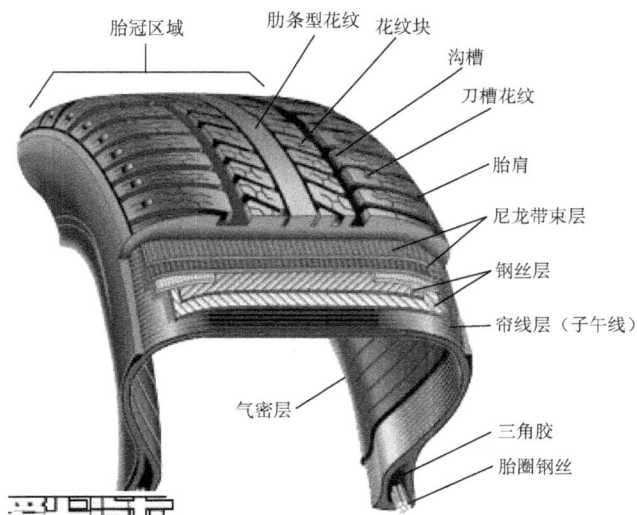

图 4-6 子午线轮胎

子午线轮胎的特点有:

(1)帘布层排列的方向与轮胎的子午断面一致。这种帘线排列方式使帘线的强度得到充分利用,帘布层数一般可比普通斜交胎减少40%～50%,且胎体较柔软,弹性好。

（2）帘线在圆周方向上只靠橡胶来联系,为承受行驶时产生的较大切向力,子午线轮胎还有若干层帘线与子午断面成大角度（交角为70°～75°）、高强度、不易拉伸的周向环形的带束层。

子午线轮胎的优点有：

（1）接地面积大、附着性能好；

（2）胎面滑移小,对地面的压强小,因此滚动阻力小、使用寿命长；

（3）胎冠较厚且有坚硬的带束层,不易刺穿,行驶时变形小,可降低油耗3%～8%；

（4）帘布层数少,胎侧薄,所以散热性能好；

（5）径向弹性大,缓冲性能好,负荷能力较大；

（6）承受侧向力时,接地面积基本不变,转向行驶和高速行驶时稳定性好。

子午线轮胎的缺点有：

（1）胎侧较薄且柔软,胎冠较厚,故在其与胎侧过渡的区域容易产生裂口；

（2）吸振能力弱,胎面噪声较大；

（3）制造技术要求高,成本高。

子午线轮胎根据材料不同可以分为全钢丝子午线轮胎、半钢丝子午线轮胎和全纤维子午线轮胎三种类型。

（1）全钢丝子午线轮胎的胎体和带束层均采用钢丝帘线,一般用于载重及工程机械车辆上；

（2）半钢丝子午线轮胎的胎体采用人造丝或者其他纤维,带束层则用钢丝帘线,这种类型的子午线轮胎一般用于轿车或轻型卡车上,如公交车等；

（3）全纤维子午线轮胎的胎体及带束层全采用人造丝或其他纤维帘线,带束层帘线应采用低伸长帘线,这种子午线轮胎一般用于低速轿车或拖拉机上。

在轮胎侧面标注的轮胎规格型号中有字母"R"的,代表该轮胎为子午线轮胎。

2. 限速器

车辆应具有限速功能,否则应配备限速装置。限速功能或限速装置应符合《车辆车速限制系统技术要求》（GB/T 24545）的要求,且限速功能或限速装置调定的最大速度不得大于80km/h。

同样,《机动车运行安全技术条件》（GB 7258—2017）规定,2012年9月1日以后生产的危险货物运输车要具有限速功能或限速装置,并且车辆设定的限制最高车速应为80km/h。一般具有限速功能或限速装置的危险货物运输车,在驾驶室内都粘贴有车辆最高限速警示标识。

3. 电器装置

驾驶室内应设置用于电源总开关开闭操作的控制装置,开关盒应符合《外壳防护等级（IP代码）》（GB/T 4208）规定的IP54防护等级的要求（图4-7）。

车辆的电气装置应符合《危险货物运输车辆结构要求》(GB 21668)的规定。导线应有足够的截面积以防止过热,且应可靠绝缘。不经过电源总开关而直接接通蓄电池的线路应采取可靠的过热保护措施。

蓄电池接线端子应采取可靠的绝缘保护措施或用绝缘的蓄电池箱盖住。

4. 车辆结构及厢体基本要求

车辆应为罐式车辆或货厢为整体封闭结构的厢式车辆。货厢结构为封闭式,具有防火、防雨、防盗功能,并且具有一定的强度和刚度。货厢内蒙皮应采用有色金属或不易发火的非金属材料(图4-8)。

驾驶室内的电源总开关

图4-7 驾驶室内的电源总开关

货厢内应设置货物起火报警装置

货厢内蒙皮应采用有色金属或不易发火的非金属材料

货厢内底板应铺设阻燃导静电胶板

图4-8 爆炸品道路运输车辆的车厢

"货厢侧壁或前后板应根据需要设置具有防雨功能的通风窗"中的"根据需要"是指,如需要靠通风降温以及车厢内可能有有毒气体的,要设置有防雨功能的通风窗(图4-9)。

货厢面板内外蒙皮之间采用阻燃隔热材料填充。货厢侧壁或前后板应根据需要设置具有防雨功能的通风窗。货厢门应安装密封条。密封条应固定可靠,防雨防尘密封良好。货厢门铰链应固定可靠,旋转自如。锁止结构安全可靠(图4-10)。货厢内不得装设照明灯光,不得敷设电气线路。

货厢内应设置货物起火燃烧报警装置(图4-8);货厢门上应设置防盗报警装置;总质量大于或等于9000kg的车辆驾驶室内应装监视器,其摄像头应设在货厢后部上端,并应有良好的观察效果。

货厢内应设置货物固定紧固装置,在货厢前壁、侧壁设置一定数量的固定绳钩。

图4-9 爆炸品道路运输车辆的车厢通风窗

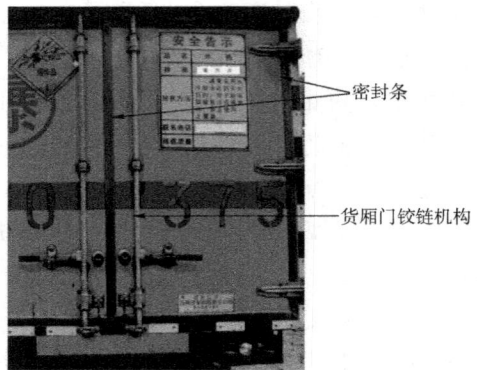

图4-10 爆炸品道路运输车辆的货厢门铰链机构

5. 防静电措施

底盘、罐体或厢体、管道及其他相关附件等相关装置任意两点间的电阻应不大于5Ω。货厢内底板应铺设阻燃导静电胶板，厚度不小于5mm，导静电胶板任意一点与拖地带之间电阻值为 $10^4 \sim 10^8 \Omega$。

车辆必须装设接地装置，接地装置与车架之间的电阻值应不大于5Ω[1]。如接地装置使用接地线，接地线应柔软，展开、收回灵活。末端应装设弹性"鳄鱼夹"，接地线（图4-11）。

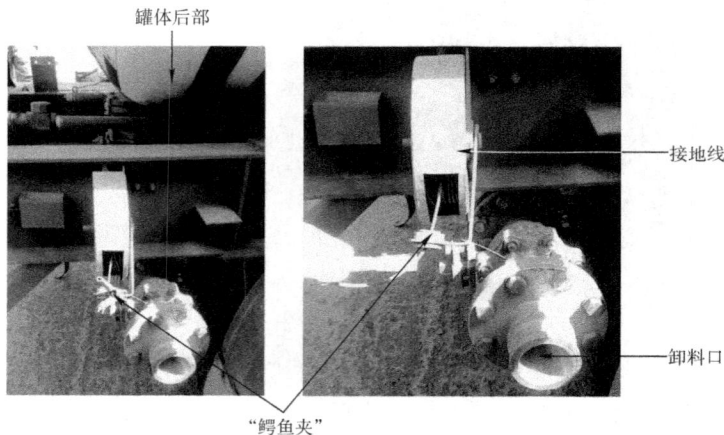

图4-11 "鳄鱼夹"的图示

车辆底部必须设置导静电拖地带，其性能应符合《汽车导静电橡胶拖地带》（JT/T 230）的规定。

6. 灭火器

驾驶室内应配备一个干粉灭火器。在车辆两边应配备与所装载介质性能相适应的灭火器各一个，灭火器应固定牢靠、取用方便。

灭火器数量要与危险货物的种类和核载质量相匹配。消防器材一般要每年检修1次，

---

[1] 该条是针对罐车而言的。由于液体在往罐体中装卸时，因液体流动可能产生电流，故要求在装卸时需要接地线。

在日常使用过程中还要做好例检例查,如出车前检查灭火器指示针是否指示在正常的压力区域,发现问题的要立即更换或修理,确保能够正常使用(图4-12)。

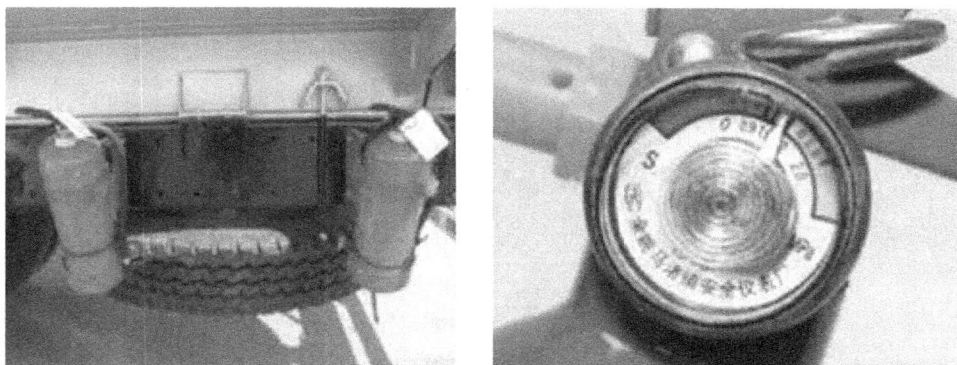

图4-12 灭火器等消防安全设施

三、车辆标志

(1)车辆应安装符合《道路运输危险货物车辆标志》(GB 13392)要求的标志牌和标志灯。

(2)在车辆后部应安装安全标示牌(图4-13)。安全标示牌上应标明运输介质的名称、种类、罐体有效容积、最大核载质量、施救方法、企业联系电话。安全标示牌为白底黑字、字迹要求清晰完整,安装在车辆后部。安全标示牌为矩形,尺寸为350mm×175mm。

品名		种类	
罐体容积		核载质量	
施救方法			
联系方法			

a) 罐式车安全标示牌示例

品名		种类	
厢体容积		核载质量	
施救方法			
联系方法			

b) 厢式车安全标示牌示例

图4-13 安全标示牌示例

安全标示牌填写及悬挂实例,如图4-14所示。

(3)在车辆的后部和两侧应粘贴橙色反光带以标示车辆的轮廓(图4-15),橙色反光带的宽度为150mm±20mm。橙色反光材料的亮度因数应符合《视觉信号表面色》(GB/T 8416—2003)中表5的规定,橙色反光材料的色品坐标应符合《视觉信号表面色》(GB/T 8416—2003)中表6的规定,其逆反射性能应符合《道路交通反光膜》(GB/T 18833—

2012）中表 3 规定的一级红色反光膜。

（4）厢式车辆的货厢外部颜色应为浅色。

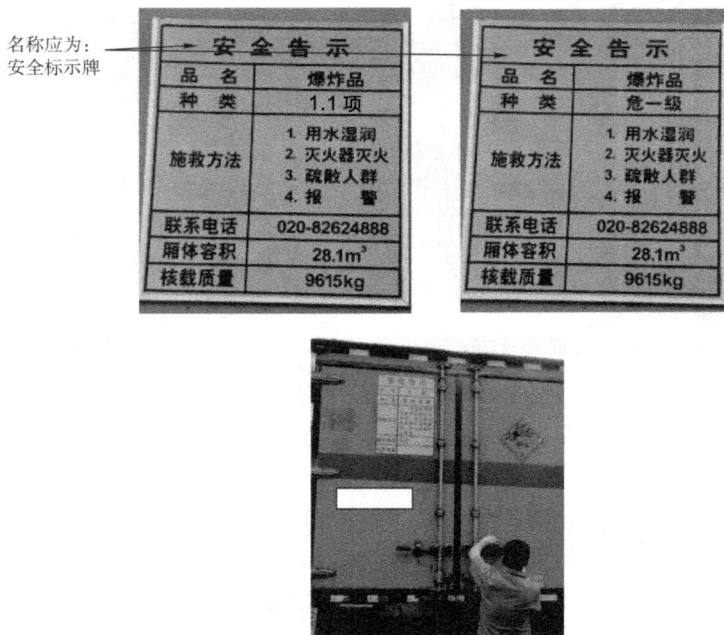

图 4-14　厢式车安全标示牌实例

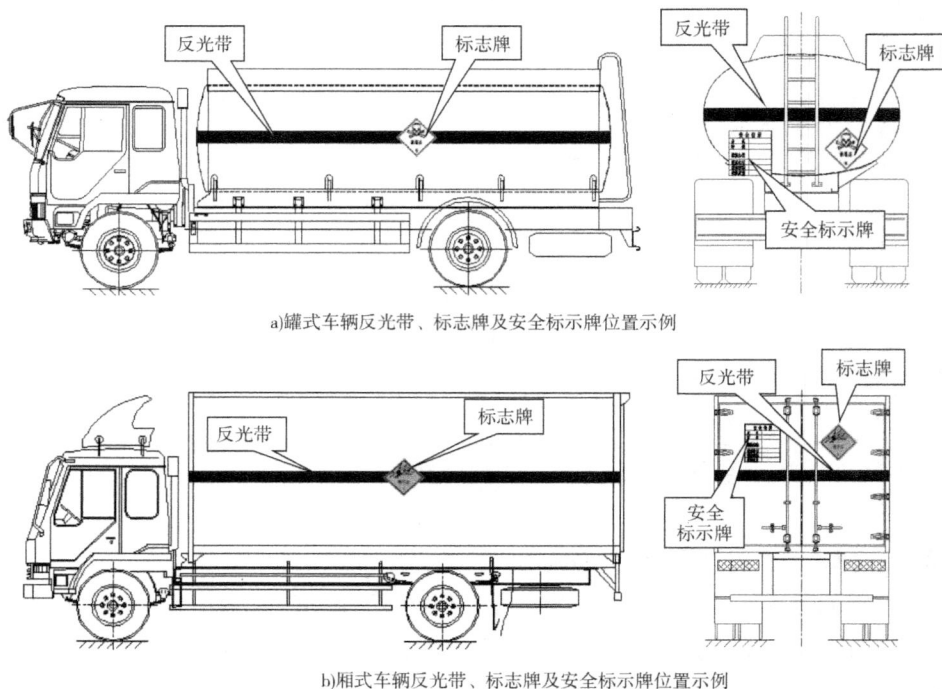

a)罐式车辆反光带、标志牌及安全标示牌位置示例

b)厢式车辆反光带、标志牌及安全标示牌位置示例

图 4-15　车辆反光带、标志牌及安全标示牌位置示例

四、随车文件

车辆应配备使用说明书,其编写应包括以下内容:

(1)产品名称与型号;

(2)生产企业名称、详细地址;

(3)技术特点及参数;

(4)装运的危险货物品名和应急措施;

(5)禁止混装与换装的规定;

(6)行驶速度要求;

(7)停车熄火要求;

(8)车辆维修规定。

同时,在国家标准中还要求,驾驶室内部应有放置应急设施的空间和放置应急设施的装置。图4-16是爆炸品道路运输企业,在实际运输时使用的爆炸品道路运输车辆。

图4-16　实际使用的爆炸品道路运输车辆

在此强调,《道路运输爆炸品和剧毒化学品车辆安全技术条件》(GB 20300—2018)规定,车辆的质量参数应符合《汽车、挂车及汽车列车外轮廓尺寸、轴荷及质量限制》(GB 1589)的规定,且不得超过该底盘的最大允许总质量。同时还要求,厢式车辆的最大允许装载质量不得超过10000kg;运输爆炸品的罐式车辆罐体容积不得超过20m³。

第三节　常压容器罐车技术要求

对运输量较大的液体危险货物,针对其不同的危险性质和危害程度,设计专用罐体汽车,不仅可节约很多包装材料,还可提高劳动生产率和车辆实载率,同时也可保证货物安全运输,减少安全隐患,使得社会效益明显提高。鉴于罐车的特殊性,尤其是罐车在危险货物道路运输过程中事故发生率较高且危害极大,故本节专门地介绍罐车的有关知识。这些知识主要是对罐车的生产要求,运输企业专职安全管理人员通过了解罐车的相关知识,一是可以更好地使用、维护罐车;二是可以了解罐车产品的质量要求,有效地保护企业合法权益。

在我国,危险货物道路运输企业要依据国家《道路机动车辆生产企业及产品公告》购买经国家质检部门检验合格的车辆,也就是人们常说的"合格成品"。危险货物道路运输企业购车后,还要根据《道路交通安全法》的要求,办理《机动车行驶证》等手续后方可上路。

专用罐车按其罐体承受工作压力大小,分压力容器罐车(也称压力罐车)和常压容器罐车(也称常压罐车)。以下分别予以介绍。

一、金属常压罐体罐车

常压专用罐车的罐体材质可分为金属和非金属。其中金属常压罐车的罐体必须符合《道路运输液体危险货物罐式车辆　第1部分:金属常压罐体技术要求》(GB 18564.1)的要求;非金属常压罐车的罐体必须符合《道路运输液体危险货物罐式车辆　第2部分:非金属常压罐体技术要求》(GB 18564.2)的要求。

危险货物道路运输企业,要根据国家《道路机动车辆生产企业及产品公告》购买专业车辆。并要注意严格按照产品公告和罐车出厂检验证书或《危险化学品运输汽车罐体委托检验报告》允许充装的介质进行充装。以下介绍《道路运输液体危险货物罐式车辆　第1部分:金属常压罐体技术要求》(GB 18564.1)金属常压罐体的有关知识。

(一)有关概念

(1)罐体:系指由筒体、封头、人孔、接管和装卸口等构成的封闭容器。

罐体内部设有隔仓板、加强圈以加强罐体的刚性,同时设置有横向或纵向防波板用于减轻车辆在加速及减速时液体介质的波动和冲击(图4-17)。

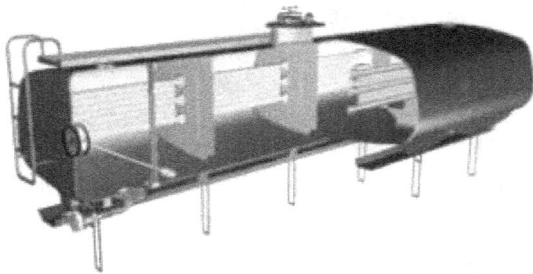

图4-17　金属常压罐体剖面示意图

(2)安全附件:系指安装于罐体上的安全泄放装置(呼吸阀、安全阀、爆破片装置、安全阀与爆破片串联组合装置和排放系统等)、紧急切断装置、液位测量装置、压力测量装置、温度测量装置及导静电装置等能起安全保护作用的附件的总称。

(3)排放系统:系指用于紧急泄放因罐体内部介质的聚合、分解等反应所引起的超压而设置的保护装置。

(4)道路运输液体危险货物罐式车辆:系指罐体内装运液体危险货物,且与定型汽车底盘或半挂车车架永久性连接的道路运输罐式车辆。

(5)液体:系指在50℃时蒸气压不大于0.3MPa(绝压)或在20℃和0.1013MPa(绝压)压力下不完全是气态,在0.1013MPa(绝压)压力下熔点或起始熔点不大于20℃的货物。

(6)金属常压罐体要设置人孔(人孔,是维修人员出入孔。罐体至少应设置一个人孔,人孔公称直径不小于400mm），人孔位置一般设在罐体顶部，多仓罐体的每个独立仓都要设置人孔（图4-18）。工作人员通过人孔可以进入罐内进行维修工作。在人孔盖上设有观察口的，工作人员可通过观察口检查罐内物料，也可从观察口向罐内加注物料。另外，紧急泄放装置、呼吸阀、防溢出传感器等安全附件也通常集成安装在人孔盖上（图4-19）。

图4-18 多仓罐体每个单独仓都要安装人孔

图4-19 人孔装置

常压专用罐车适用于运输液体危险货物，如轻质燃油、硫酸、盐酸、硝酸、烧碱、甲醇、甲苯等。常压金属罐体可用碳素钢、低合金钢、耐酸不锈钢、铝及铝合金材料制作。

（二）有关要求

1. 常压罐体检验

交通运输部依据新《危险化学品安全管理条例》第十八条第三款"对重复使用的危险化学品包装物、容器，使用单位在重复使用前应当进行检查；发现存在安全隐患的，应当维修或者更换。使用单位应当对检查情况作出记录，记录的保存期限不得少于2年。"制订了《危规》第二十六条"道路危险货物运输企业或者单位对重复使用的危险货物包装物、容器，在重复使用前应当进行检查；发现存在安全隐患的，应当维修或者更换。道路危险货物运输企业或者单位应当对检查情况作出记录，记录的保存期限不得少于2年。"首先要求明确两个概念，一是常压罐车的罐体属于"重复使用的危险货物容器"；二是常压罐车的罐体是由使用企业（或者单位）负责检验。企业或单位通过对重复使用包装物、容器的检查以及记录，提高包装物、容器的安全性能，避免出现因为包装物、容器破损、泄漏而引发运输事故。同时也减轻了企业每年送检的负担成本。当然，如果运输企业认为本企业不能对常压罐体进行检查或发现罐体有重大问题时，也可以将罐车送到质检部门进行检验、维修。

2. 关于罐体清洗（置换）

企业或单位在用罐车运输不同液体危险货物之前，一般需要将罐体进行清洗（也称为置换），清除在罐体中的原液体危险货物的残余货物，以防止不同的液体危险货物在罐内发生化学反应。遵循规范的操作规程清洗罐体，过程复杂，废水处理成本也较高。

在实践中发现个别企业或单位，对罐体进行简单的清洗、冲洗，并将清洗罐体后的废水、废气不加处理而任意排放，容易造成环境污染。针对这一问题，《危规》新增了"道路危险货物运输企业或者单位应当到具有污染物处理能力的机构对常压罐体进行清洗（置换）作业，将废气、污水等污染物集中收集，消除污染，不得随意排放，污染环境"的条款。明确危险货物道路运输企业或单位对罐体清洗的责任。条款中"具有污染物处理能力的机构"既可以是道路危险货物运输企业或者单位，也可以是危险货物生产、储存等企业。但无论是本企业或单位，还是其他企业都需要满足一个条件，就是配置处理污染物的设施设备。

3. 罐体允许运装介质

罐车罐体的运输介质是根据国家《道路机动车辆生产企业及产品公告》或罐体的出厂检验证书《危险化学品运输汽车罐体委托检验报告》和《危险化学品运输罐车安全质量检验报告》确定的，任何危险货物道路运输企业和个人不得改变。需要强调的是，产品公告和检验报告允许的运输介质，是道路运输管理机构许可罐车经营范围的前置许可，是危险货物道路运输企业罐车运输介质的前置许可。

举例说明，改变产品公告允许罐车运输介质的危害及法定责任。在 2014 年《晋济高速公路山西晋城段岩后隧道"3·1"特别重大道路交通危化品燃爆事故调查报告》中指出，"此次事故中的危险化学品罐式半挂车实际运输介质均与设计充装介质、公告批准、合格证记载的运输介质不相符。按照 GB 18564.1—2006 的要求，不同的介质因为化学特性差异，在计算压力、卸料口位置和结构、安全泄放装置的设置要求等方面均存在差异，不按出厂标定介质充装，造成安全隐患"。同时报告还指出，"……使用罐体未安装紧急切断阀，不符合 GB 18564.1—2006 中 5.8 的规定，属于不合格产品，且改变了充装介质"是造成事故的间接原因。

4. 罐体核定容积和防止超载

在工业和信息化部的《道路机动车辆生产企业及产品公告》或罐体的《危险化学品运输汽车罐体委托检验报告》《危险化学品运输罐车安全质量检验报告》标注了罐体的核定容积。

为了保证罐车不超载，在《道路运输液体危险货物罐式车辆　第 1 部分：金属常压罐体技术要求》（GB 18564.1—2006）的"5. 设计"中，明确规定罐车的设计要保证"罐体允许最大充装质量应不大于罐车的额定载质量"。

由此可见,常压罐车在设计时,就要保证罐车不超载。同时,按照《道路运输液体危险货物罐式车辆 第1部分:金属常压罐体技术要求》(GB 18564.1—2006)的要求,不同的介质因为化学特性差异,在计算压力、卸料口位置和结构、安全泄放装置的设置要求等方面均存在差异,不按出厂标定介质充装,容易造成安全隐患。故企业必须严格按照常压罐车设计充装介质、公告批准、合格证记载的运输介质充装。

如果企业发现在境内合法购买的罐车,按《道路机动车辆生产企业及产品公告》或《罐体检验报告》允许的运输介质进行充装后罐车超载,则是罐车生产企业没有按照国家标准《道路运输液体危险货物罐式车辆 第1部分:金属常压罐体技术要求》(GB 18564.1—2006)的有关要求制造,存在产品质量问题,是不合格产品,应予以召回。

5. 罐体材料

根据所装介质,确定罐体材质。罐体用材料应与罐内装运介质相容,其腐蚀速率应不大于0.5mm/年,且满足罐车在使用中所遇到的各种工作和环境条件。与介质接触的罐体材料(包括衬里材料)不应与装运介质发生危险化学反应,从而避免降低材料强度或形成危险化合物。所以选择罐体材质是个关键问题。如装运硝酸的罐体应用铝板制作;装运硫酸的罐体应用碳钢板制作;装运盐酸的罐体则应用非金属的玻璃钢制作;装运离子膜液碱的罐体则用不锈钢板制作等。装运乙醇等危险货物的罐体可用碳钢板材质制作,有些汽车生产厂家为了使罐车质量进一步提高,在制作罐体时把材质改用不锈钢板制造,明显提高了罐车的质量和安全系数。

6. 罐体壁厚

根据所装介质,确定罐体结构。液体危险货物由于化学性质不同,其危险性也不一样,因此要根据各种危险货物的化学特性和物理特性,确定其罐体结构和需要配备的相应设备、设施。

罐体的最小厚度,应符合表4-1的规定。

罐体最小厚度(单位:mm)   表4-1

罐体的直径	≤1800	>1800
奥氏体不锈钢	≥2.5	≥3
其他钢材	≥3	≥4
铝合金	≥4	≥5
99.60%纯铝	≥6	≥8

7. 其他要求

装运易燃、易爆类介质的罐车还应满足,一是应配备不少于2个与载运介质相适应的灭火器或有效的灭火装置;二是发动机排气装置应采用防火型或在出气口加装排气火花熄灭器,且排气管出口应安装到车身前部,排气火花熄灭器应符合《机动车排气火花熄灭器》(GB 13365—2005)的规定;三是非金属衬里的罐体,应有防静电放电措施;四是罐体及其附加设备的防静电要求应该符合《道路运输爆炸品和剧毒化学品车辆安全技术条件》（GB 20300—2018）的有关规定。

罐车均应设置防波板，防波板设置应考虑操作或维修人员进出方便。

罐体固定在车辆底盘上，顶部有通气阀，底部有沉淀槽，并配备火花熄灭器、导除静电装置、灭火器材。

罐体至少设置一个人孔，一般可设在罐体顶部，人孔宜采用公称直径不小于 450mm 的圆孔或 500mm×350mm 的椭圆孔，方便检修人员进出罐体。

罐体后封头没有安装卸料阀门的，适宜装运原油、异丁醇、白煤油等危险货物；罐体后封头安装卸料阀门的，适宜装运硫酸等危险货物；罐体后封头安装卸料阀门，而不配备火花熄灭器、导除静电装置的，适宜装运液碱等危险货物；罐体后封头无卸料阀门，卸料应在进料口以泵吸方式完成卸料的，罐底应有锅底形凹坑，便于将卸料管插接，可将罐内物品卸净，不易燃的，可不配备导静电装置，适宜装运剧毒物品的液氰、丙酮氰醇等危险货物。选用不锈钢板的罐体，后封头无卸料阀，配备导静电装置、灭火器材的，适宜装运食用乙醇、精细化工等危险货物。

铝质罐车。这种罐体采用厚度均匀的优质铝板制造，厚度不应小于 4mm，其结构也应为椭圆形横断面，短轴为长轴 1/2。它适宜装运硝酸、冰醋酸、甲醛等危险货物。

（三）罐体涂装与标志、标识

1. 涂装

罐体的涂装及外观质量除符合《压力容器涂敷与运输包装》（JB/T 4711—2003）的规定外，还应满足如下要求：

（1）所有外露碳钢或低合金钢表面均应进行除锈处理。

（2）碳钢或低合金钢罐体的涂漆颜色应为浅色或不与环形橙色反光带混淆的其他颜色，铝及铝合金或不锈钢制罐体的涂漆要求按设计图样的规定。

（3）所涂油漆应色泽鲜明、分界整齐，无皱皮、脱漆、污痕等。

2. 标志

罐体（车）的标志除应符合《道路运输危险货物车辆标志》（GB 13392—2005）的规定外，还应满足如下要求：

（1）罐体应有一条沿通过罐体中心线的水平面与罐体外表面的交线对称均匀粘贴的环形橙色反光带，反光带宽度不小于 150mm。

（2）罐车应标志识别代码（VIN）。

（3）罐体（车）标志的其余要求应符合《道路运输爆炸品和剧毒化学品车辆安全技术条件》（GB 20300—2018）的规定。

3. 标识

罐体两侧后部色带的上方喷涂装运介质的名称，字高不小于 200mm，字体为仿宋体，字体颜色等要求，见表 4-2。易燃、易爆类介质运输罐车外观标识式样如图 4-20 所示。

常压罐车罐体喷涂标注　　　　　　　　表 4-2

货 物 名 称	颜　色	位　置	文 字 高 度
易燃、易爆类介质	红色	两侧后部 色带上方	≥200mm
有毒、剧毒类介质	黄色		
腐蚀、强腐蚀类介质	黑色		
其余介质	蓝色		

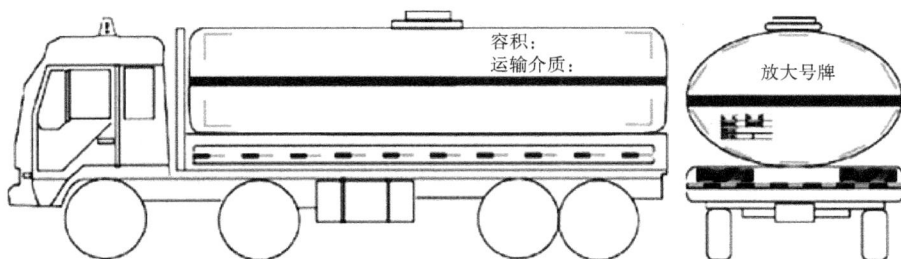

图 4-20　易燃、易爆类介质运输罐车外部标识示意图

罐车产品铭牌应安装在罐体两侧的易见部位。

(四)安全附件和承压元件

1. 一般要求

(1)常压金属罐体安全附件至少包括安全泄放装置、紧急切断装置、导静电装置、液位计、温度计和压力表等,并应有产品合格证书和产品质量证明书。

(2)液位计、温度计和压力表应按介质特性要求设置。

(3)罐体承压元件至少包括装卸阀门、快装接头、装卸软管和胶管等,且应有产品合格证书和产品质量证明书。

(4)安全附件和承压元件应符合相应国家标准或行业标准的规定。

2. 安全泄放装置设置

安全泄放装置应设置在罐体顶部。安全泄放装置至少包括排放系统、安全阀、爆破片装置、安全阀与爆破片串联组合装置等。安全泄放装置的材料应与装运介质相容。

安全泄放装置的排放能力应保证在发生火灾或罐内压力出现异常等情况时,能迅速排放。装运易燃、易爆介质的罐体应设置呼吸阀和紧急泄放装置。罐车发生翻倒事故时,呼吸阀不应泄漏介质;易燃、易爆介质用呼吸阀应具有阻火功能。安全泄放装置应有清晰、永久的标记。

当装运介质50℃时饱和蒸汽压大于0.01MPa,应设置排放系统。排放系统应配有能防止由于罐体翻倒而引起液体泄漏的保护装置。

(五)紧急切断装置

安装紧急切断装置,对运输易燃易爆化学品车辆尤为重要。紧急切断阀又称为内置式安全止流底阀、海底阀,是一种安装在液体危险货物罐式车辆金属常压罐体装卸口的安全阀门。该阀门紧靠罐体根部,不兼作他用,在非装卸时处闭合状态。当罐车底部管路受强烈碰撞时,将自动断裂,使储罐和车底管路分离,成为独立封闭的罐体,从而防止罐内液体外泄,大大提高运输的安全性,为国际上众多石油公司采用。

紧急切断装置由紧急切断阀、远程控制系统及易熔塞自动切断装置组成,其中紧急切断阀是核心功能部件。紧急切断阀紧贴罐体根部或底部安装完成后,阀瓣、弹簧、阀盖在罐体内部,阀体部分在罐体外部。按照控制类型分类,紧急切断装置有气动式和机械式两种类型。紧急切断装置(海底阀)构造和实物,如图4-21所示。

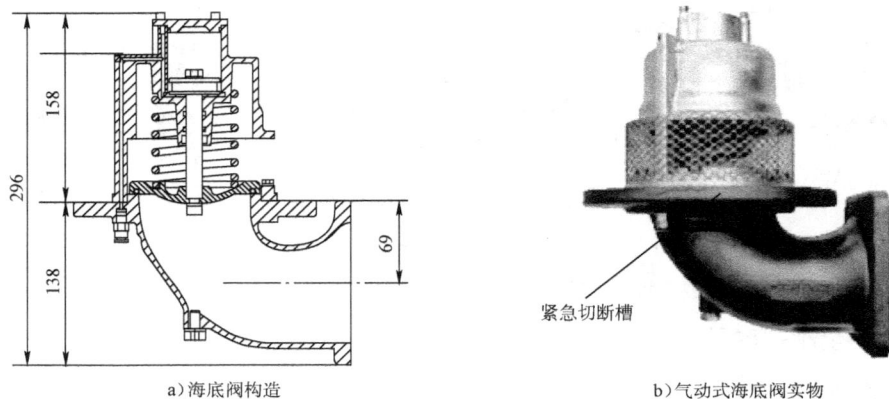

a)海底阀构造　　　　b)气动式海底阀实物

图 4-21　紧急切断装置(尺寸单位:mm)

在《道路运输液体危险货物罐式车辆　第 1 部分:金属常压罐体技术要求》(GB 18564.1—2006)中,要求常压容器罐车的罐体安全附件,必须安装紧急切断装置。安装紧急切断装置,对运输剧毒化学品车辆尤为重要。

1. GB 18564.1—2006 对安装紧急切断装置提出的要求

(1)紧急切断装置一般应由紧急切断装置阀、远程控制系统、以及易熔塞自动切断装置组成,紧急切断装置应动作灵活、性能可靠、便于检修。

(2)紧急切断阀的设置应尽可能靠近罐体的根部,不应兼作他用,在非装卸时紧急切断阀应处于闭合状态。

(3)紧急切断阀应能防止任何因冲击或意外动作所致的无意识的打开。为防止在外部配件(管道、外侧切断装置)损坏的情况下罐内液体泄漏,内部截止阀应设计成剪式结构。

(4)远程控制系统的关闭操作装置应装在人员易于到达的位置。

(5)当环境温度达到规定值时,易熔塞自动切断装置应能自动关闭紧急切断阀。

(6)紧急切断装置的设置还应符合下列规定:

①易熔塞的易熔合金熔融温度应为 75℃ ±5℃ ;

②油压式或气压式紧急切断阀应保证在工作压力下全开,并持续放置 48h 不致引起自然闭止;

③紧急切断阀自始闭起,应在10s内闭止;

④紧急切断阀制成后应经耐压试验和气密性试验合格;

⑤受介质直接作用的紧急切断装置部件应进行耐压试验和气密性试验,其耐压试验压力应不低于罐体的耐压试验压力,保压时间应不少于10min;气密性试验压力取罐体的设计压力。

2. 紧急切断装置的工作原理

紧急切断装置,又称罐体内置阀、海底阀,其按工作方式可分为气动式和手动式两种。该阀安装于罐车储罐底部,当罐车底部管路受强烈碰撞时,将自动断裂,使储罐和车底管路分离,成为独立封闭的罐体,从而防止罐内液体外泄。

(1)海底阀:按阀体材料可分为铝合金和316L不锈钢两种,其结构分为罐体内侧部分和罐体外侧部分。

(2)关闭(闭合)状态:内侧部分有一个高强度弹簧,顶住阀体内侧的阀瓣,阀门在不工作的情况下,阀瓣始终处于闭合状态。此时,罐体是独立封闭的。

(3)开启状态:在装卸作业时,远程操控手柄或气控开关,当弹簧受到一定外力(或气压)时,收紧弹簧,阀瓣打开,紧急切断阀处于打开状态,连通罐体和装卸料管路,完成卸料过程(图4-22)。

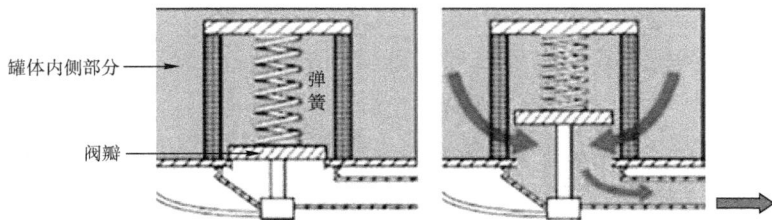

图4-22 紧急切断装置工作原理

外侧部分主要起到连接管路的作用。此类海底阀都带有一个紧急切断槽(有意将壁厚做得薄一些),在剧烈撞击情况下,能将阀体外侧部分和内侧部分快速切断分开,来保护阀体内侧部分不损坏。此类阀门主要适用于黏度较低的介质。

手控操作阀的结构,如图4-23所示。

紧急切断阀摆动杠杆软钢索接头处装有易熔合金连接件,在装卸作业或行驶过程中如发生火灾事故、环境温度骤升,当温度达到75℃±5℃时,易熔合金连接件自行熔化,使软钢索与紧急切断阀脱开,阀门自动关闭,避免险情扩大。

"海底阀"在车辆上的安装情况,如图4-24所示。

图4-23 手控操作阀的结构

图 4-24 "海底阀"在车辆上的安装情况

3. 液体危险货物罐车紧急切断阀装置使用要点

（1）谨记紧急切断阀在除装卸工作之外的所有情况下，都应处于关闭状态。

（2）装卸作业完毕后，必须立即按照紧急切断阀使用说明书或操作规程关闭紧急切断阀。

（3）出车前，检查紧急切断阀有无腐蚀、生锈、裂纹等缺陷，有无松脱、渗漏等现象。

（4）装卸作业时，若遇紧急情况，应立即关闭紧急切断阀。

（5）运输过程中，及时检查确保紧急切断阀处于关闭状态。

（6）罐体长期不使用，也应关闭紧急切断阀，以免因受长期压力、杂质沉淀等影响，造成阀体元器件损坏、泄漏。

4. 液体危险货物罐车紧急切断阀装置检查要点

（1）确认罐体上喷涂的介质名称是否与《车辆公告》《车辆（罐体）合格证》上记载的一致。

（2）喷涂的介质与运输介质一致。运输介质属于国家安监总局等五部委文件《关于明确在用液体危险货物罐车加装紧急切断装置液体介质范围的通知》（安监总管三〔2014〕135号）中列举的 17 种介质范围。检查其卸料口处是否安装有紧急切断阀、紧急切断阀是否有远程控制系统。

（3）检查紧急切断阀有无腐蚀、生锈、裂纹等缺陷，有无松脱、渗漏等现象，检查紧急切断阀控制按钮是否完好。

（4）检查紧急切断阀是否处于关闭状态，没有关闭的要求当场关闭，并对驾驶人进行一次面对面的教育提示。

(六)阀门及软管的要求

1. 阀门的要求

装运剧毒类介质和强腐蚀介质的罐体,应采用公称压力不低于1.6MPa的钢质阀门或其他专用阀门。

装卸易燃、易爆介质的罐体,应采用不产生火花的铜、铝合金或不锈钢材质阀门。

管路和阀门用材料应与装运的介质相容,阀体不得采用铸铁或非金属材料。

2. 软管的要求

软管与介质接触部分应与介质相容;软管与快装接头的连接应牢固、可靠。

软管在承受4倍罐体设计压力时不应破裂;软管在1.5倍装卸系统最高工作压力下,保压5min不应泄漏。

软管不应有变形、老化及堵塞等问题。

(七)定期检验

罐体的定期检验应至少包含下列内容:

(1)罐体质量技术档案资料审查;

(2)检查罐体外表面,有无腐蚀、磨损、凹陷、变形、泄漏及其他可能影响运输安全性的问题;

(3)罐体与底盘或行走机构连接部位的检查;

(4)罐体壁厚测量;

(5)检查管路、阀门、装卸软管、垫圈等,有无腐蚀、泄漏等影响装卸及运输安全的问题;

(6)必要时进行焊接接头的无损检测;

(7)罐体安全附件及承压件的检查;

(8)检查紧急切断装置,不应出现腐蚀变形及其他可能影响正常使用的缺陷,遥控关闭装置应能正常使用;

(9)罐体表面漆色、铭牌和标志检查。

(八)出厂文件

罐体(车)出厂时,制造单位至少应向用户提供下列技术文件和资料:

(1)罐体合格证;

(2)罐体质量证明书;

(3)产品竣工图;

(4)罐体出厂检验证书;

(5)罐体安全附件质量证明文件;

(6)使用说明书。

罐体(车)产品使用说明书,至少应有操作规程、最大允许充装质量的控制要求。同时,还要有维护、保养要求，常见故障的排除方法等。

符合国家标准的金属常压罐体罐车，如图4-25所示。

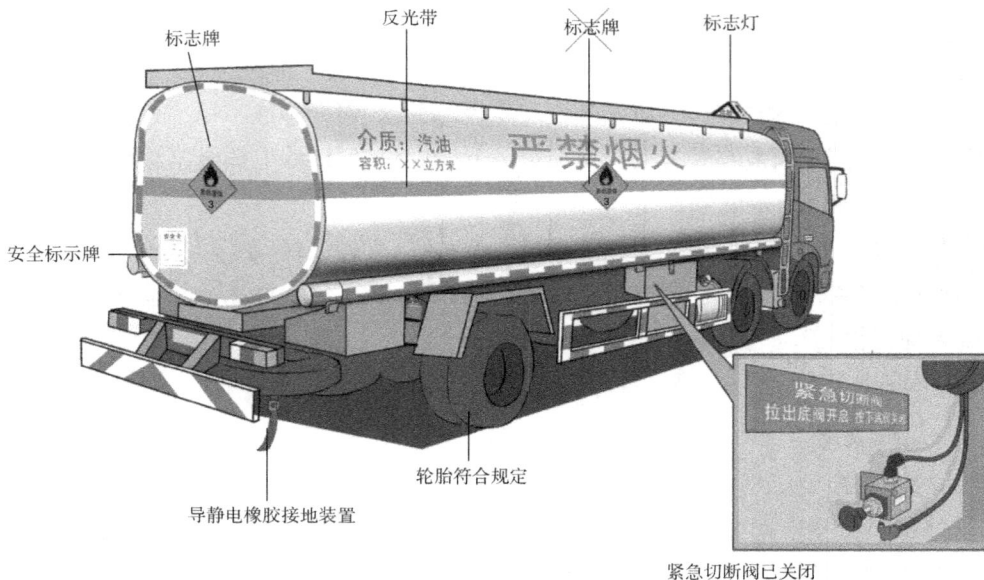

图4-25　金属常压罐体罐车图示

二、非金属常压罐体罐车

非金属常压罐体罐车的基本概念、基本要求与金属常压罐体罐车的基本一样。相同内容在此就不赘述了。以下介绍《道路运输液体危险货物罐式车辆　第2部分：非金属常压罐体技术要求》（GB 18564.2—2008）的有关内容。

《道路运输液体危险货物罐式车辆　第2部分：非金属常压罐体技术要求》（GB 18564.2—2008）规定了道路运输液体危险货物罐式车辆非金属常压罐体（以下简称罐体）的设计、制造、试验方法、出厂检验、涂装与标志标识以及定期检验项目的技术要求。该标准适用于装运介质为液体危险货物，工作压力小于0.1MPa，罐体材料为聚乙烯塑料，聚氯乙烯塑料，聚丙烯塑料，玻璃纤维增强塑料等，且与定型汽车底盘或半挂车车架为永久性连接的非金属罐体。

（一）罐体壁厚

非金属常压罐体，最小厚度应符合表4-3的规定。

罐体最小厚度（单位：mm）　　　　　　　　　　　　　　　　表4-3

罐体的直径 DN	最小厚度[1]			
	聚乙烯	聚氯乙烯	聚丙烯[2]	玻璃纤维增强塑料[3]
600≤DN≤900	8.3	5.9	9.7	4.8
900<DN≤1200	11.5	7.8	13.5	4.8

续上表

罐体的直径 DN	最小厚度[1]			
	聚乙烯	聚氯乙烯	聚丙烯[2]	玻璃纤维增强塑料[3]
1200 < DN ≤ 1500	14.6	9.7	17.4	4.8
1500 < DN ≤ 1800	17.8	11.6	21.2	4.8
1800 < DN ≤ 2100	21.5	13.9	25.7	6.4
DN > 2100	28.6	18.2	—	6.4

注:1. 表中给出的罐体最小厚度是基于聚乙烯采用滚塑工艺制造,聚氯乙烯和聚丙烯是采用焊接工艺制造而得出的。

2. 聚丙烯罐体最大公称直径应不大于2100mm。

3. 玻璃纤维增强塑料的最小厚度为罐壁总厚度。

(二)罐体涂装与标志、标识

1. 涂装

(1)非金属罐体的外表面可不涂装,非金属材料本色应为浅色或不与环形标志带混淆的其他颜色。

(2)当罐体需要涂装时,涂装要求如下:

①油漆应色泽鲜明、分界整齐,无裂纹、起泡、发黏,无皱皮、脱漆、污痕等劣化现象出现;

②涂料不应侵蚀罐体非金属材料,且不被装运介质腐蚀。

(3)罐体附件中的碳钢或低合金钢表面均应进行防腐处理,合格后方可涂装。

2. 标志

除应符合 GB 13392 的规定外,还应满足下列要求:

(1)罐体应有一条沿通过罐体中心线的水平面与罐体外表面的交线对称均匀粘贴的环形橙色反光带,反光带宽度不小于150mm;

(2)罐车应按 GB 16735 的规定,标志识别代码(VIN)。

3. 标识

(1)应在罐体两侧显著位置安装罐体的产品铭牌,其形式和安装要求应符合《机动车产品标牌》(GB/T 18411)的规定,铭牌内容应符合《机动车运行安全技术条件》(GB 7258)的规定;

(2)按规定安装罐车车身反光标识;

(3)罐体两侧后部色带的上方喷涂装运介质的名称,字高不小于200mm,字体为仿宋体,字体颜色符合下列要求。

①腐蚀性介质:黑色;

②毒性程度为中度或轻度危害介质:黄色;

③其余介质:蓝色。

（三）安全附件和承压元件

1.一般要求

（1）罐体安全附件包括通气装置、内置切断阀、液位计、温度计和压力表等。各安全附件应有产品合格证书和质量证明书。

（2）罐体承压元件包括装卸阀门、装卸软管和胶管等。各承压元件应有产品合格证书和质量证明书。

（3）安全附件和承压元件应按其装运介质特性要求设置，与装运介质接触的材料应与介质相容。

（4）安全附件和承压元件的安装应不影响罐体的使用功能，且能方便检测、维护和更换。

（5）安全附件和承压元件应符合相应国家标准或行业标准的规定。

2.通气装置设置

（1）每个罐体的前、后部位至少各设置一个通气装置，其通径应大于25mm。

（2）通气装置应能防止任何异物的进入，出口应向下，并比顶部装卸口至少高100mm。

（3）通气装置应有清晰、永久的标记。

（4）通气装置平时应处于关闭状态。

3.内置切断阀设置

（1）内置切断装置应动作灵活、性能可靠、便于检修，其操纵机构应可靠连接到罐体外部。

（2）内置切断阀的设置应尽可能靠近罐体的根部，不应兼作他用，在非装卸状态时内置切断阀应处于闭合状态。

（3）内置切断阀应能防止因任意冲击或意外动作所致的无意识打开。

（4）内置切断阀的启闭应方便人员安全操作。

装卸软管与常压金属罐体的装卸软管要求相同。

（四）其他要求

1.扶梯、罐顶操作平台及护栏

（1）扶梯应便于攀登，连接牢固，可设在罐体两侧或后部。扶梯宽度应不小于350mm，步距应不大于350mm，且每级梯板能承受1960N的载荷。

（2）罐体顶部应设操作平台，平台应具有防滑功能，且在600mm×300mm的面积上能承受3kN的均布载荷。当罐体顶部距地面高度大于2m时，平台周围应设置固定或可折叠的护栏。

（3）应对非金属常压罐体的扶梯、罐顶操作平台及护栏进行防腐处理。

2.防火和防静电要求

装运易燃、易爆类介质的罐车应满足下列基本要求：

（1）应配备不少于2个与载运介质相适应的灭火器或有效的灭火装置，灭火器或灭火装置应固定牢靠、取用方便；

（2）发动机排气装置应采用防火型或在出气口加装排气火花熄灭器，且排气管出口应安装到车身前部，排气火花熄灭器应符合 GB 13365 的规定；

（3）非金属衬里的罐体，应有防静电放电措施；

（4）罐体及其附加设备的防静电要求应符合 GB 20300 的有关规定。

3. 后下部防护装置

常压非金属罐体及罐体上的管路及管路附件不得超出车辆的侧面及后下部防护装置，罐体后封头及罐体后封头上的管路和管路附件与后下部防护装置的纵向距离不得小于 150mm。

（五）定期检验内容

罐体的定期检验应至少包含下列内容。

（1）罐体质量技术档案资料审查；

（2）检查罐体外表面，有无腐蚀、磨损、龟裂、凹陷、变形、泄漏及其他可能影响运输安全性的问题；

（3）检查罐体内表面有无明显的损伤、龟裂、分层、腐蚀等问题；

（4）检查罐体内隔仓板或防波板、加强圈是否明显移位、与罐体连接失效等可能影响运输安全性的问题；

（5）罐体与底盘或半挂车车架连接部位的检查；

（6）罐体壁厚测量；

（7）检查管路、阀门、装卸软管、垫圈等，有无腐蚀、泄漏等影响装卸及运输安全的问题；

（8）必要时进行焊接接头的无损检测；

（9）罐体安全附件及承压件的检查；

（10）检查紧急切断装置，不应出现腐蚀变形及其他可能影响正常使用的缺陷，遥控关闭装置应能正常使用；

（11）罐体表面漆色、铭牌和标志检查。

罐体定期检验的记录和结果应存档保存，影响运输安全性的内外表面问题应作出可靠的处理。

（六）出厂文件

罐车出厂时，制造单位至少应向用户提供下列技术文件和资料：产品质量证明书；产品竣工图；产品使用说明书；产品合格证；罐体产品安全性能监督检验证书；罐体安全附件质量证明书。

罐体产品质量证明书应至少包含下列内容：外观及几何尺寸检查报告；材质证明报告；无损检测报告；热处理报告（塑料焊接罐体）；耐压试验报告；气密性试验报告。

罐车产品使用说明书除应符合《工业产品使用说明书　总则》（GB/T 9969）的规定外，还应至少包含下列内容：主要技术性能参数；罐体结构与管路图；安全附件、阀件和仪表的型号和说明；操作规程、最大允许充装质量的控制要求；使用注意事项，包括装卸料和储运过程中的注意事项；维护和保养要求；常见故障的排除方法；备品和备件清单。

常压容器罐车按车辆结构形式，又可分为固定罐式货车和罐式半挂车。固定罐式货车是将罐体永久性固定在载货汽车的底盘上，与车辆不可分离。罐式半挂车是将罐体永久固定在挂车（一般为半挂车）上，与挂车不可分离，牵引车与挂车可分离。随着信息技术发展和运输组织水平的提高，采用罐式半挂车从事道路危险货物甩挂运输，将会成为今后发展的方向。

值得注意的是，在《机动车运行安全技术条件》（GB 7258—2017）中，"12.12　危险货物运输车辆的特殊要求"针对罐式危险货物运输车辆提出了以下要求。

（1）罐式危险货物运输车辆的罐体顶部如有安全阀、通气阀组件以及检查孔、装卸料阀门、管道等附件设备设施，应设置能承受 2 倍车辆总质量乘以重力加速度的惯性力的倾覆保护装置，且该装置应具有能将集聚在其内部的液体排出的结构或功能；若罐体顶部无任何附属设备设施或附属设备设施未露出罐体，不应设置倾覆保护装置。罐体顶部的管接头、阀门及其他附件的最高点应低于倾覆保护装置的最高点至少 20mm。

（2）罐式危险货物运输车辆罐体上的管路和管路附件不应超出车辆的侧面及后下部防护装置，且罐体后封头及罐体后封头上的管路和管路附件外端面与后下部防护装置内侧在车辆长度方向垂直投影的距离应大于或等于 150mm。

（3）装有紧急切断装置的罐式危险货物运输车辆，在设计和制造上应保证运输液体危险货物的车辆行驶速度大于 5km/h 时紧急切断阀能自动关闭，或在发动机启动时能通过一个明显的信号装置（如声或光信号）提示驾驶人需要关闭紧急切断阀。

符合国家标准的非金属常压罐体罐车如图 4-26 所示。

图 4-26　非金属常压罐体罐车图示

第四节　压力容器罐车技术要求

根据《中华人民共和国特种设备安全法》（以下简称《特种设备安全法》）第二条第二款"本法所称特种设备，是指对人身和财产安全有较大危险性的锅炉、压力容器（含气瓶）、压力管道、电梯、起重机械、客运索道、大型游乐设施、场（厂）内专用机动车辆，以及法律、行政法规规定适用本法的其他特种设备"，压力容器罐车的压力容器罐体以及气瓶属于特种设备,故其要遵守《特种设备安全法》的有关规定。以下介绍《特种设备安全法》对压力容器、气瓶的有关要求。

一、压力容器

《特种设备安全法》第八条"特种设备生产、经营、使用、检验、检测应当遵守有关特种设备安全技术规范及相关标准"和第十九条"特种设备生产单位应当保证特种设备生产符合安全技术规范及相关标准的要求,对其生产的特种设备的安全性能负责",提出了"安全技术规范"的概念。根据《特种设备安全法》上述要求,特种设备不仅要遵守相关国家标准,还要强制执行相关安全技术规范。国家特种设备安全监督管理部门针对移动式压力容器的生产、运输等环节,制订并公布了《移动式压力容器安全技术监察规程》(TSG R0005—2011)。鉴于压力容器专用罐车的罐体属于特种设备,故危险货物道路运输企业在使用压力容器(罐车)时,必须遵守《特种设备安全法》的相关规定,必须符合《移动式压力容器安全技术监察规程》(TSG R0005—2011)等特种设备安全技术规范及相关国家标准的要求。

压力容器,是指盛装气体或者液体,承载一定压力的密闭设备,其范围规定为最高工作压力大于或者等于0.1MPa(表压)的气体、液化气体和最高工作温度高于或者等于标准沸点的液体、容积大于或者等于30L且内直径(非圆形截面指截面内边界最大几何尺寸)大于或者等于150mm的固定式容器和移动式容器;盛装公称工作压力大于或者等于0.2MPa(表压),且压力与容积的乘积大于或者等于1.0MPa·L的气体、液化气体和标准沸点等于或者低于60℃液体的气瓶;氧舱。

为了与一般容器(常压容器)相区别,只有同时满足下列三个条件的容器,才可称为压力容器:一是工作压力大于或者等于0.1MPa(工作压力是指压力容器在正常工作情况下,其顶部可能达到的最高压力(表压力));二是内直径(非圆形截面指其最大尺寸)大于等于150mm,且容积(V)大于等于0.03m^3;三是盛装介质为气体、液化气体以及介质最高工作温度高于或者等于其标准沸点的液体。

二、气瓶

1.气瓶的概念

广义的气瓶应包括不同压力、不同容积、不同结构形式和不同材料用以储运永久气体、液化气体和溶解气体的一次性或可重复充气的移动式的压力容器。

《气瓶安全监察规定》适用于正常环境温度(−40~60℃)下使用的、公称工作压力大于或等于0.2MPa(表压)且压力与容积的乘积大于或等于1.0MPa·L的盛装气体、液化气体和标准沸点等于或低于60℃的液体的气瓶(不含仅在灭火时承受压力、储存时不承受压力的灭火用气瓶)。

气瓶从结构上分类有无缝气瓶和焊接气瓶;从材质上分类有钢质气瓶(含不锈钢气瓶),铝合金气瓶,复合气瓶,其他材质气瓶;从充装介质上分类为永久性气体气瓶,液化气体气瓶,溶解乙炔气瓶;从公称工作压力和水压试验压力上分类有高压气瓶、低压气瓶。

气瓶公称容积不大于1000L,用于盛装压缩气体的可重复充气而无绝热装置的移动式压力容器。常用的有氧气瓶、乙炔瓶、车载天然气瓶等。

充装液氯的最大气瓶有1000L的(业内也称1吨气瓶),如图4-27所示。

图4-27 液氯气瓶

常用的家用液化气钢瓶为35.5L(15kg)钢瓶,充装标准为最大充装的85%,也就是30L(14.5kg)左右,其他尺寸的用得较少。液化气钢瓶型号规格,见表4-4。液化气气化体积膨胀倍数为260倍左右,即260×30=7800L。常用的家用液化气钢瓶有2种,如图4-28所示。

液化气钢瓶型号规格 表4-4

型号	钢瓶内直径（mm）	公称容积（L）	钢瓶主体材质牌号	设计壁厚（mm）	名义壁厚（mm）	最大充装量（kg）	钢瓶重量（kg）	钢瓶高度（mm）	备注
YSP4.7	200	4.7	HP295	1.6	2	≤1.9	3.4	305	
YSP12	244	12	HP295	2	2.5	≤5	7	430	
YSP23.5	314	23.5	HP295	2.5	3	≤9.8	13	526	
YSP35.5	314	35.5	HP295	2.5	3	≤14.9	16.5	680	☆
YSP118	400	118	HP325	2.9	3.5	≤49.5	47	1200	气相和液相

在气瓶存放和搬运时,要注意:严禁氧气瓶与可燃气瓶一起存放;搬运钢瓶应套好防护帽和防震胶套,不得摔倒和撞击,以免撞断阀门引起爆炸。

《气瓶安全监察规定》关于气瓶运输的规定有:

第四十三条 运输、储存、销售和使用气瓶的单位,应当制定相应的气瓶安全管理制度和事故应急处理措施,并有专人负责气瓶安全工作,定期对气瓶运输、储存、销售和使用人员进行气瓶安全技术教育。

第四十四条 充气气瓶的运输单位,必须严格遵守国家危险品运输的有关规定。

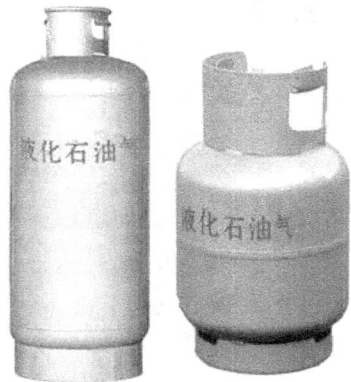

图4-28 常用的家用液化气钢瓶

运输和装卸气瓶时,必须佩戴好气瓶瓶帽(有防护罩的气瓶除外)和防震圈(集装气瓶除外)。

第五十四条 气瓶发生事故时,发生事故的单位和安全监察机构应当按照《锅炉压力容器压力管道特种设备事故处理规定》及时上报和进行事故调查处理。

2. 气瓶的基础知识

1)气瓶结构

气瓶主要包括瓶帽、色环、防震胶圈,标注有制造钢印、检验钢印、气体名称、所属单位名称等内容,气瓶结构如图4-29所示。

2)常用气瓶颜色标志

常用气瓶的颜色标志如图4-30所示。

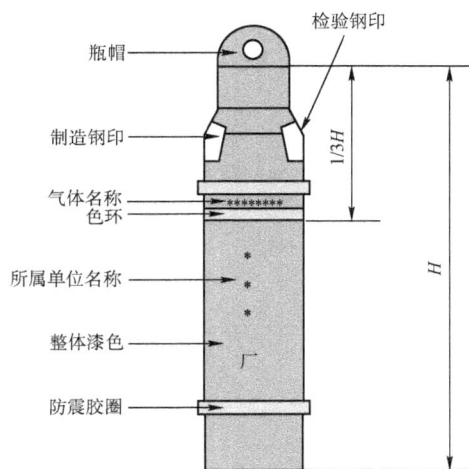

图4-29 气瓶结构

图4-30 气瓶的颜色标志

气瓶的颜色标志,见表4-5。

气瓶的颜色标志 表4-5

充装气体名称	化学式	瓶色	字样	字色	色环
乙炔	C_2H_2	白	乙炔不可近火	大红	—
氢	H_2	淡绿	氢	大红	$P=20$,淡黄色单环;$P=30$,淡黄色双环
氧	O_2	淡(酞)兰	氧	黑	$P=20$,白色单环;$P=30$,白色双环
氮	N_2	黑	氮	淡黄	—
空气		黑	空气	白	—
二氧化碳	CO_2	铝白	液二氧化碳	黑	$P=20$,黑色单环
氨	NH_3	淡黄	液氨	黑	—
氯	Cl_2	深绿	液氯	白	—
氩	Ar	银灰	氩	深绿	—

续上表

充装气体名称	化学式	瓶色	字样	字色	色　环
液化石油气	工业用	棕	液化石油气	白	
	民用	银灰		大红	—

注：1. 色环栏内的 P 是气瓶的公称工作压力，MPa。

　　2. 民用液化石油气瓶上的字样应排成两行，"家用燃料"居中的下方为"（LPG）"。

3）气瓶的标记

气瓶的标记如图 4-31 所示。

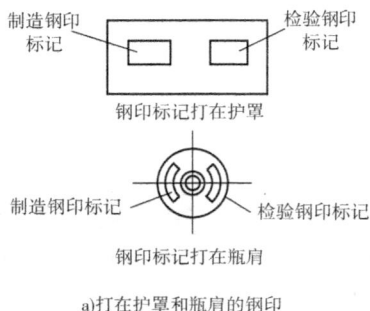

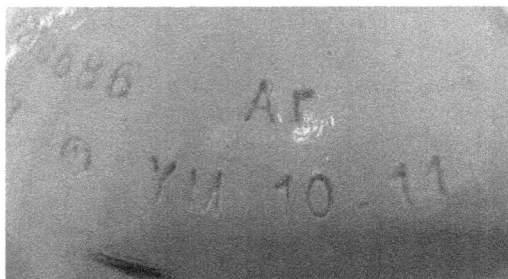

a)打在护罩和瓶肩的钢印　　　　　　　　b)检验钢印标记

图 4-31　气瓶标记

4）气瓶日常检查与使用（图 4-32）

（1）检查气瓶是否固定，且瓶身上至少要有两个胶圈；

（2）检查气瓶上是否有"安全帽"；

（3）检查气瓶上是否有规范的目视标签；

（4）检查气瓶上的手轮是否完好；

（5）气瓶应当直立放置，勿倒放；

（6）检查气瓶压力表是否完好，气瓶用到最后应留有"余压"；

（7）检查管线是否开裂以及配置防回火装置；应当规范卡箍，勿使用铁丝夹固。

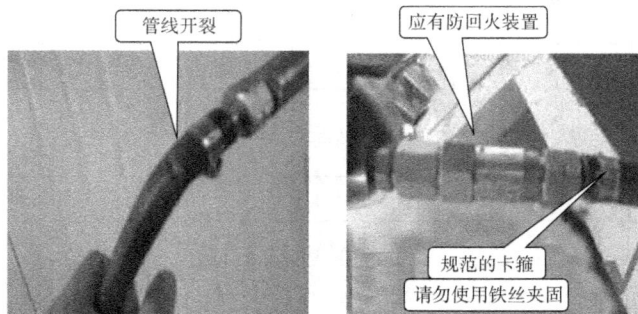

图 4-32　气瓶日常检查和使用

5）气瓶使用安全要求

气瓶使用安全要求包括：人员合格、安全检查、附件完好、直立放置、安全距离、防止暴晒、避免冷冻、严禁撞击、远离热源、保持清洁、安全操作、留有余压。

6）气瓶使用相关规定

（1）使用气瓶前使用者应重点对气瓶盛装气体进行确认，盛装气体是否符合作业要求；瓶体是否完好；减压器、流量表、软管、防回火装置是否有泄漏、磨损及接头松懈等现象。

（2）气瓶应放置在通风、阴凉、无腐蚀的专用场所使用，防止雨淋和日光曝晒，不应接触有电流通过的导体。

（3）气瓶应立放使用，严禁卧放，并应采取防止倾倒的措施，有毒有害气体应固定在专用气瓶柜内使用。

（4）严禁敲击、碰撞气瓶。严禁在气瓶上进行电焊引弧。

（5）气瓶严禁靠近火源、热源和电气设备，与明火距离不少于10m；氧气瓶和乙炔气瓶同时使用时，应尽量避免放在一起。

（6）使用后的空瓶，应移至空瓶存放区；严禁空瓶与实瓶混存。

3．气瓶直立运输

《气瓶直立道路运输技术要求》（GB/T 30685—2014）为推荐性标准，规定了气瓶直立道路运输的一般要求、运输装载方式及要求、运输车辆、装卸作业、固定要求、运输等技术要求；适用于单只气瓶水容积小于150L，用于盛装气体的散装气瓶、集束装置（卧式设计的集束装置除外）和集装篮等。气瓶直立道路运输实例，如图4-33所示。

图4-33　气瓶直立道路运输实例

随着社会不断地发展，自动化机械作业逐步代替低效能、高成本的人力操作，机械化装卸货物是运输行业发展的方向。气瓶直立运输，一是提高机械化水平；二是比原来气瓶水平放置更为安全。以下介绍气瓶直立运输的有关概念。

1）气瓶直立运输的有关概念

（1）集束装置（俗称集装格，图4-34）。

集束装置，由金属结构框架组合两个或两个以上的气瓶，通过汇流排连接构成的集中供气装置。一般分为立式设计和卧式设计两种，气瓶不可以单支装卸。

图4-34　集束装置

（2）集装篮（图4-35）。

集装篮，由装有多个气瓶，其一侧通常可开放、气瓶可以单支装卸、便于运输的框架结构装置。

图4-35　集装篮

（3）气瓶直立道路运输。

《气瓶直立道路运输技术要求》（GB/T 30685—2014）规定，气瓶直立运输分为2种情况：一种是散装气瓶直立运输（图4-36）；一种是集束装置、集装篮直立运输（图4-37）。

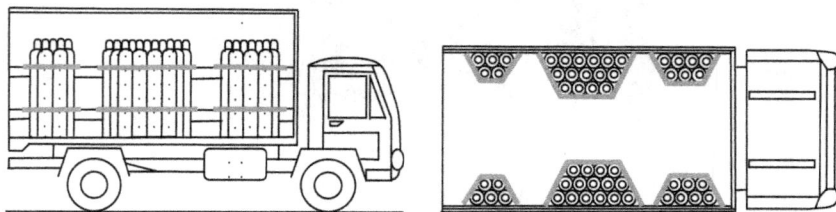

图4-36　散装气瓶直立运输

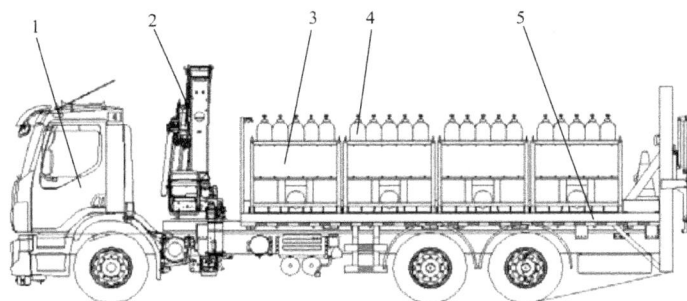

图4-37 集束装置直立运输

1-底盘;2-钢瓶运输框架;3-钢瓶;4-副车架;5-尾板

2)气瓶直立运输时的载荷分布和捆绑情况示意图

(1)载荷分布情况(图4-38)。

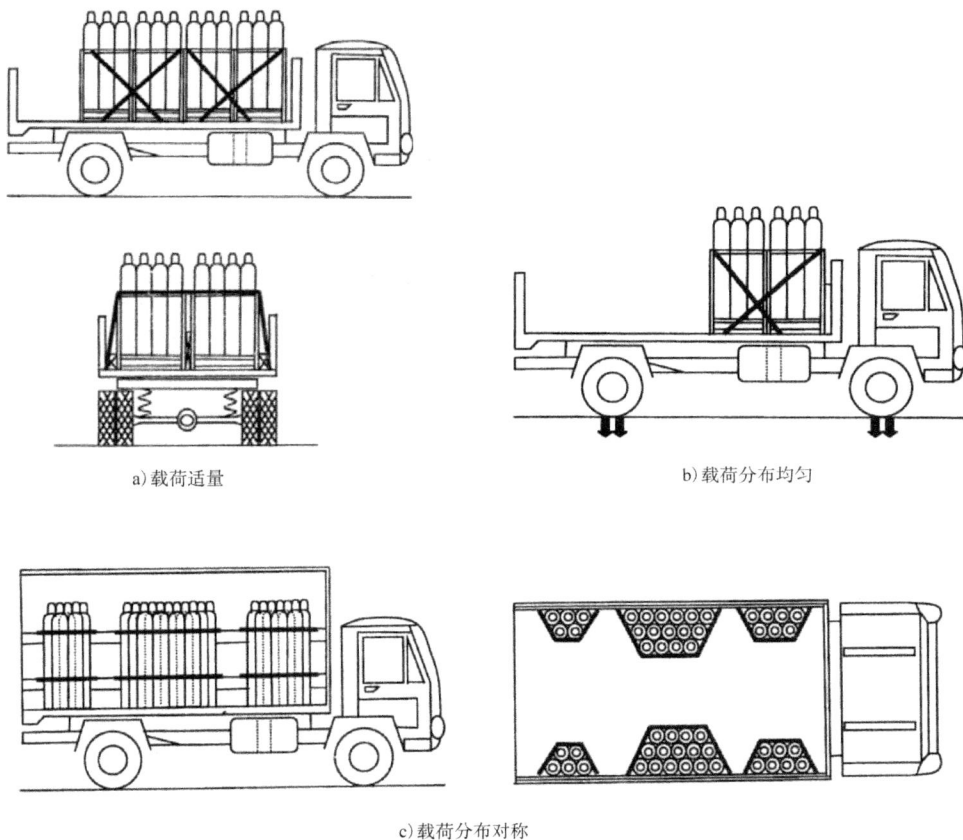

a)载荷适量

b)载荷分布均匀

c)载荷分布对称

图4-38 载荷分布示意图

(2)栏板式运输车辆捆绑方式(图4-39)。

a) 一个集装格的捆绑方式

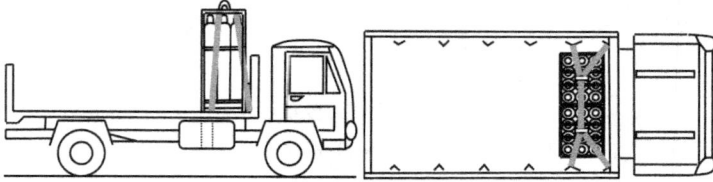

b) 两个集装格的捆绑方式

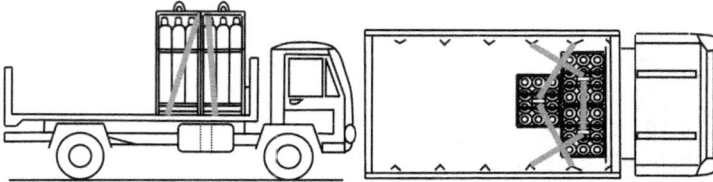

c) 三个集装格的捆绑方式

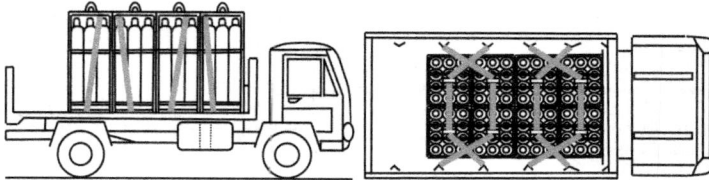

d) 八个集装格的捆绑方式

e) 一个集装篮的捆绑方式

f) 两个集装篮的捆绑方式

图 4-39

g)三个集装篮的捆绑方式

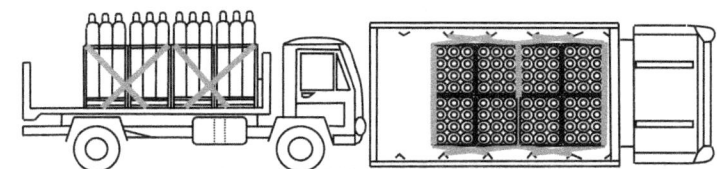

h)八个集装篮的捆绑方式

图 4-39　捆绑方式示意图

三、压力容器罐车

　　压力容器专用罐车适用于运输液化石油气、丙烯、丙烷、液氨及低温的液氧、液氮、液氩及液化天然气等。罐车的种类有：一种是罐体与定型底盘采用永久性连接的专用罐式汽车；另一种为罐体与半挂车行走机构采用永久性连接的专用罐式半挂车，与半挂牵引车组合为汽车列车。还有一种移动式压力容器——集装箱(罐式集装罐、管束式集装箱)，由箱体框架和罐体两部分组成的集装箱(有单罐式和多罐式两种)，通过集装箱运输车来运输，如图 4-40 所示。需

a)液体罐车

b)罐式集装箱

c)长管拖车

d)管束式集装箱

图 4-40　压力容器罐车

要强调的是罐式集装箱的罐体属于压力容器。在此，依据《移动式压力容器安全技术监察规程》（TSG R0005—2011），仅介绍有关压力容器罐车的技术要求。

1. 车辆要求

（1）液化气体运输车的罐体外表面的文字的字色、字高和字样的规定（图4-41）：在罐体两侧后部色带的上方书写储运介质的名称，字色为大红（R03），字高不小于200mm，字样宜为仿宋体。在介质名称对应色带的下方书写"罐体下次检验日期：××××年××月"，字色为黑色，字高不小于100mm。

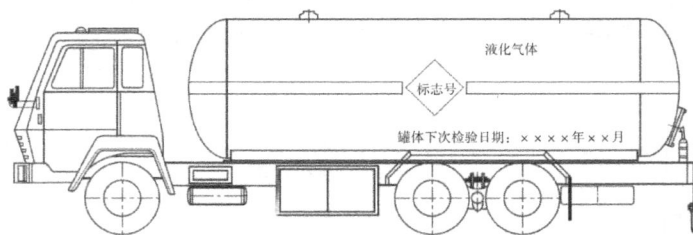

图4-41 液化气体运输车标志示意图

（2）汽车罐车的车辆两侧应当配备与所充装介质性能相适应的灭火器各一个，灭火器应当固定牢靠、取用方便。

2. 运输要求

运输过程安全作业要求。使用单位应当严格执行《移动式压力容器安全技术监察规程》的相关规定，移动式压力容器的运输过程作业安全至少还应当满足以下安全要求：

（1）公路危险货物运输过程中，除按照有关规定配备具有驾驶人员、押运人员资格的随车人员外，还需配备具有移动式压力容器操作资格的特种设备作业人员，对运输全过程进行监护；

（2）运输过程中，任何操作阀门必须置于闭止状态；

（3）快装接口安装盲法兰或者等效装置；

（4）充装冷冻液化气体介质的移动式压力容器，停放时间不得超过其标态维持时间；

（5）罐式集装箱或者管束式集装箱按照规定的要求进行吊装和堆放。

说明：针对第（1）款在危险货物道路运输过程中，如驾驶人员、押运人员没有操作特种设备的作业，就没有必要再配备具有特种设备操作证的作业人员。如煤气罐、氧气瓶运输。

3. 随车携带的文件和资料

除随车携带有关部门颁发的各种证书外，还应当携带以下文件和资料：

（1）《特种设备使用登记证》及《特种设备使用标志》（图4-42）；

（2）《特种设备作业人员证》和有关管理部门的从业资格证（图4-43）；

（3）液面计指示值与液体容积对照表（或者温度与压力对照表）；

（4）移动式压力容器装卸记录；

（5）事故应急专项预案。

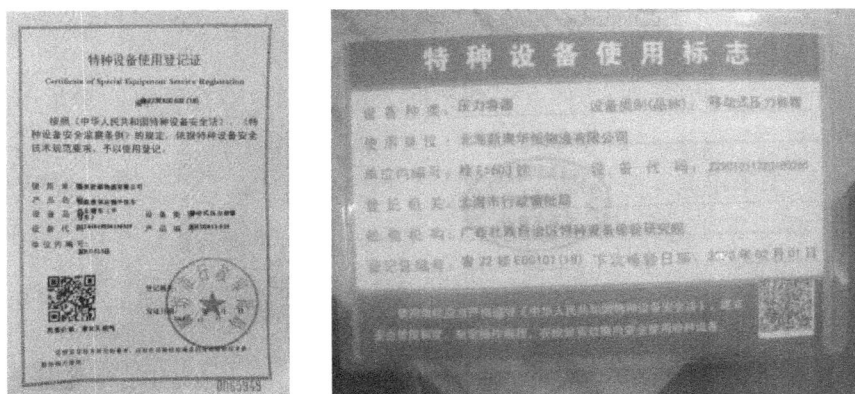

图 4-42 特种设备使用登记证

特种作业人员培训

特种作业及特种设备操作人员目录

第30号令规定的特种作业

1电工作业；2焊接与热切割作业；3高处作业；4制冷与空调作业；5煤矿安全作业；6金属非金属矿山安全作业；7石油天然气安全作业；8冶金（有色）生产安全作业；9危险化学品安全作业；10烟花爆竹安全作业

质监局规定特种设备

11锅炉作业；12压力容器；13电梯；14起重机械；15客运索道；16大型游乐设施；17场(厂)内专用机动车辆

北京市规定的特种作业：有限空间作业

图 4-43 特种作业人员从业资格证

说明：

（1）压力容器(压力容器罐车、气瓶)应当符合国家特种设备安全监督管理部门制订并公布的《移动式压力容器安全技术监察规程》《气瓶安全技术监察规程》等有关安全技术规范要求，并在经核准的检验机构出具的压力容器安全检验合格有效期内运输；

（2）必须按罐车产品铭牌规定的"充装介质"或"介质"进行充装。任何人都无权改变罐车允许的充装介质。

盛装过危险货物的空容器，器内往往残留有危险品，加之空容器可能密封不严，残留物会洒漏造成一定的危险，而易燃液体的空容器中残留液体挥发会与空气形成爆炸性混合气，其危险性甚至比满桶更大。尤其是压力容器，不允许将容器内的压力完全成为大气压的（与大气压一样），要留有残留压力的（压力容器内要有余压）。所以，规定盛装过危险货物的空容器的运输，应与原装物品的条件相同，按危险货物运输。

第五章 危险货物道路运输车辆安全监督管理

本章主要从危险货物道路运输车辆的安全监督管理入手,介绍危险货物道路运输车辆动态监督管理的相关内容、车辆准入的总体要求和技术要求、车辆的动态监督检查和管理信息化等方面内容。

第一节 法律法规要求

一、道路运输车辆动态监督管理办法

近年来,交通运输部会同公安部、原国家安全生产监督管理总局大力推进道路运输车辆动态监管工作,取得了明显成效。截至 2013 年底,全国所有"两客一危"车辆均按照要求安装了卫星定位装置,31 个省份的省级监管平台和 1000 余家各类企业监控平台全部接入了重点营运车辆联网联控系统,实现了对"两客一危"车辆跨区域、跨部门的联合监管。各地运输企业运用动态监控系统,加强对所属车辆和驾驶员的动态管理,有效遏制了驾驶员超速行驶和疲劳驾驶等违法行为,在预防和减少道路交通事故方面发挥了积极的作用。

但与此同时,由于法规建设滞后,缺乏相应制度约束,道路运输车辆动态监管工作还存在不少突出问题,应用水平不高,动态监控系统发挥作用不足。《国务院关于加强道路交通安全工作的意见》(国发〔2012〕30 号)明确要求:"抓紧制定道路运输车辆动态监督管理办法,规范卫星定位装置安装、使用行为",以明确运输企业的监控主体责任和管理部门的监管责任,规范道路运输车辆动态监督管理活动,为充分发挥动态监控手段在事故预防方面的积极作用提供制度保障。为此,交通运输部制定颁布了《道路运输车辆动态监督管理办法》(交通运输部、公安部、原国家安全生产监督管理总局令 2014 年第 5 号,以下简称《办法》)。

二、《办法》主要作用和适用范围

1. 主要作用

(1)预防和减少道路交通事故的需要。实践证明,运用卫星定位系统对道路运输车辆进行实时动态监控,可以及时发现和纠正营运驾驶员超速行驶、疲劳驾驶等违法行为,是预防和减少道路交通运输事故的有效技术手段。制定《办法》,能够规范车载终端和卫星定位系统平台的安装和使用行为,有效遏制故意破坏卫星定位装置以及人为干扰、屏蔽卫星定位装

置信号等违规行为,确保车辆在线率,从而更好地发挥动态监控系统的作用,有效预防和减少道路交通事故的发生。

(2)落实运输企业监控主体责任的需要。运输企业是安全生产的责任主体,也是运输车辆动态监控的责任主体。通过制定《办法》,赋予运输企业动态监控手段,明确企业监控职责,完善监控制度体系建设,规范企业监控行为,明确违规处罚措施,有利于督促企业重视并落实监控主体责任,加大安全投入,真正使动态监控工作落到实处,切实提高运输企业安全生产管理水平。

(3)形成政府部门监管合力的需要。道路运输车辆动态监督工作涉及交通运输、公安、安监等多个部门,需要齐抓共管,形成监管合力。通过制定《办法》,可以进一步明确各部门的职责分工,细化工作要求,强化部门监管的手段和依据,从而形成监管合力,确保动态监督工作的各项规定落到实处。同时,也有利于转变政府职能,由重事前许可转变为事前、事中、事后监管并重。

2. 适用范围

道路运输企业在道路运输车辆安装、使用卫星定位装置,通过监控平台监控车辆以及各级交通运输、公安交通和安监部门对道路运输企业和道路运输车辆实施的安全监督管理活动等方面,要遵守《办法》的相关规定。

1)道路运输企业

道路运输企业的相关活动主要有:

(1)在道路运输车辆上安装、维修和更换卫星定位装置;

(2)通过按照标准建设的道路运输车辆动态监控平台或者使用符合条件的社会化卫星定位系统监控平台,对所属道路运输车辆运行过程进行实时监控和管理活动。

2)行业管理部门

交通运输、公安交通和安监部门对道路运输企业和道路运输车辆实施的安全监督管理活动主要有:

(1)按照标准建设道路运输车辆动态监管平台;

(2)对下级政府部门和道路运输企业使用卫星定位系统平台的行为进行监督管理;

(3)对道路运输企业在安装、使用卫星定位装置时的违法行为进行处罚;

(4)依据卫星定位系统的数据对道路运输车辆的违法违章行为进行处罚;

(5)对发生道路交通安全事故的道路运输车辆所属的道路运输企业及驾驶员进行责任认定等活动。

3)重点道路运输车辆

道路运输车辆的范围包括了用于公路营运的载客汽车、危险货物运输车辆、半挂牵引车以及重型载货汽车(总质量为12t及以上的普通货运车辆)。"用于公路营运"指的是这些车辆应是从事道路运输经营服务的各类车辆。载客汽车指的是三类以上(包括三类)班线客车、旅游客车和包车客车。危险货物运输车辆指的是运输危险化学品、烟花爆竹、民用爆炸物品的道路专用车辆。半挂牵引车指的是装备有特殊装置用于牵引半挂车的商用车辆。重型载货汽车指的是整备质量和核定载质量之和大于等于12t的普通货运车辆。

第二节　车辆准入条件

一、总体要求

按照《国务院关于加强道路交通安全工作的意见》(国发〔2012〕30号)的要求,旅游包车、三类以上班线客车、危险品运输车和校车应严格按规定安装使用具有行驶记录功能的卫星定位装置。《交通运输部关于贯彻落实〈国务院关于加强道路交通安全工作的意见〉的通知》(交运发〔2012〕490号)中也指出,确保旅游包车、危险品运输车辆、三类以上班线客运车辆安装符合标准的终端产品,并全部接入联网联控系统。农村客运车辆要逐步安装使用卫星定位装置,卧铺客车必须加装车载视频监控装置。同时,为进一步规范设备安装和使用,依据《办法》,旅游客车、包车客车、三类以上班线客车和危险货物运输车辆在出厂前应当安装符合标准的卫星定位装置,车辆制造企业为道路运输车辆安装符合标准的卫星定位装置后,应当随车附带相关安装证明材料。

(一)基本概念

1.道路运输车辆卫星定位系统车载终端

具有行驶记录功能的卫星定位装置指的是符合《道路运输车辆卫星定位系统车载终端技术要求》(JT/T 794—2011)要求的车载设备(图5-1),安装在车辆上,主要具有注册/注销、设置/查询终端参数、自检、定位、信息交互与通信、休眠、信息采集、监听和拍照、报警等功能。

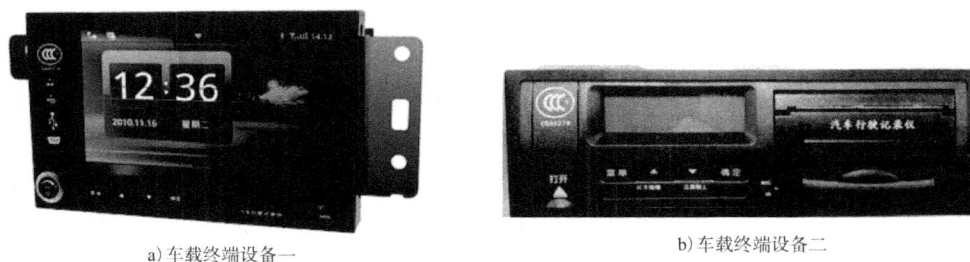

a)车载终端设备一　　　　b)车载终端设备二

图5-1　车载终端设备示意图

2.道路运输车辆卫星定位系统监控平台

道路运输车辆卫星定位系统监控平台,负责与车载终端的信息交换、各种数据的处理、控制指令的下发、信息的融合、记录(存储)和转发,可通过GIS(地理信息系统)显示车辆的运行位置、提供丰富的统计分析功能、满足企业对车辆动态监控管理的需求。

监控平台包括政府监管平台和企业监管平台两类。其中政府监管平台主要具有接入平台管理、报警管理、车辆管理、企业管理、车辆动态监控和视频管理、电子地图管理、平台接口等功能。企业监管平台主要具有报表导出、报警和警情处理、监控管理、平台接口、监管、管理等功能。

（二）准入体系

1. 标准符合性技术审查

道路运输车辆卫星定位系统平台和车载终端应当通过有关专业机构的标准符合性技术审查。对通过标准符合性技术审查的系统平台和车载终端，由交通运输部发布公告。

2011年4月，交通运输部印发了《关于认真贯彻〈道路运输车辆卫星定位系统平台技术要求〉和〈道路运输车辆卫星定位系统车载终端技术要求〉两项标准的通知》（交运发〔2011〕158号），明确提出建立系统平台和车载终端标准符合性审查制度，组织开展系统平台和车载终端的标准符合性审查工作。

凡从事道路运输车辆动态监控的企业监控平台以及各级交通运输部门监管平台，拟进入道路运输市场的车载终端，都要按规定进行标准符合性审查。从事道路运输车辆动态监控的企业监控平台及各级交通运输部门监管平台所属单位，可以自愿选择经交通运输部公布的检测机构进行系统平台检测。

道路运输车辆卫星定位系统平台和车载终端系列标准是开展道路运输车辆动态监管工作的重要规范。通过开展道路运输车辆卫星定位系统标准符合性技术审查工作，可以确保道路运输车辆卫星定位系统平台和车载终端系列标准执行到位，一方面能够为全国重点营运车辆联网联控系统、全国道路货运车辆公共监管与服务平台的可靠运行奠定基础，为高水平应用创造条件；另一方面也能够明晰企业监控平台和各级监管平台的职责和功能，促使动态监控系统真正发挥作用。

道路运输车辆卫星定位系统标准符合性技术审查制度的实施，有效推动了车载终端和系统平台产品的规范化，提升了营运车辆数据跨区域交换的能力，为跨部门联合监管提供了重要的技术支撑，是道路运输动态监管工作长效机制的重要基础，是道路运输信息化工作不可分割的组成部分，对加强道路运输安全管理、促进现代道路运输业发展发挥了重要作用。

2. 动态监控系统管理

道路运输企业新建或变更监控平台，在投入使用前应当通过有关专业机构的系统平台标准符合性技术审查，并向原发放《道路运输经营许可证》的道路运输管理机构备案。

确保标准执行到位，是保障各级系统平台之间的互联互通，奠定全国重点营运车辆联网联控系统稳定运行的基础。根据交通运输部的有关决定，委托中国交通通信信息中心作为技术支持单位，组织开展系统平台和车载终端的标准符合性审查工作。凡从事道路运输车辆动态监控的企业监控平台以及各级交通运输部门监管平台，拟进入道路运输市场的车载终端，都要按规定进行标准符合性审查，其中系统定期向中国交通通信信息中心申报进行年度审验，车载终端生产商和使用方应配合相关监督检查工作，不符合标准的系统平台和车载终端不得用于道路运输动态监管。

变更系统平台主要分为两个方面,一方面,当系统平台属性信息发生变化,例如单位名称信息、法人信息、联系人信息等,要向中国交通通信信息中心进行备案;另一方面,当系统平台技术信息发生变化,例如软件版本变更、物理地址变更、网络环境变更等,需重新申报技术检测后,向中国交通通信信息中心进行备案,并重新计算相应年度审验时间。中国交通通信信息中心在收到备案申请并核准后,在《道路运输车辆卫星定位系统平台标准符合性审查证书》副本中进行登记,并按实际需要更换《道路运输车辆卫星定位系统平台标准符合性审查证书》。

根据道路运输管理部门的职责,各级道路运输管理部门在为道路运输企业核发经营许可证时,要检查所属车辆的入网情况、所配车载终端与公告型号的一致性以及所属监控平台与公告内容的一致性,备案材料应包括《道路运输车辆卫星定位系统平台标准符合性审查证书》主、副本,其中副本应有年度审验合格记录。

3. 动态监控系统接入

道路旅客运输企业、危险货物道路运输企业和拥有 50 辆及以上重型载货汽车或者牵引车的道路货物运输企业应当按照标准建设道路运输车辆动态监控平台,或使用符合条件的社会化卫星定位系统监控平台(以下统称监控平台),对所属道路运输车辆和驾驶员运行过程进行实时监控和管理。

根据 2011 年 4 月交通运输部印发的《关于认真贯彻〈道路运输车辆卫星定位系统平台技术要求〉和〈道路运输车辆卫星定位系统车载终端技术要求〉两项标准的通知》(交运发〔2011〕158 号),从 2011 年 7 月 1 日起,所有新安装的车载终端必须接入符合技术要求的系统平台。道路运输企业自建和委托卫星定位服务运营商建立的监控平台以及各级交通运输部门建设的监管平台都必须符合标准要求,并通过道路运输车辆卫星定位系统标准符合性审查,由交通运输部核准公示、公告。

二、技术要求

(一)《道路运输车辆卫星定位系统车载终端技术要求》

1. 适用范围

规定了安装在道路运输车辆上的卫星定位车载终端的一般要求、功能要求、性能要求、安装要求等技术性内容,关于安装车辆,安装范围等内容将在有关行政法规中予以规定。

2. 设备要求

设备主机是指含有微处理器(MCU)、数据存储器、实时时钟等器件的终端主题装置。考虑到实施时新车与在用车辆都会安装终端,因此规定了终端可以采用一体式设计,即所有功能器件(如显示器,打印机)均集中在主机体上;也可以采用分体式设计,将终端分为主机部分和显示、打印部分,主机上不包含显示器、打印机,只留有相应的接口,显示、打印部分单独进行结构设计。

3.功能要求

车载终端应具有自检、定位、通信、CAN 数据采集、车辆载货状态检测、图像信息上传、行驶记录、监听、通话、休眠、警示、信息服务等功能。

4.性能要求

（1）整体性能：终端的平均无故障间隔时间（MTBF）最低为 3000h，是调研国内各省现行的终端地方标准，选取的最低值 3000h。危险品运输车辆终端平均无故障间隔时间最低为 8000h 参考了《危险化学品汽车运输安全监控车载终端》（AQ 3004—2005）。USB 接口是近年来迅速发展的标准接口，它有数据传输速率快、连接简单、兼容性好的特点。另外，RS232、RS485 接口是使用较早的一种通用数据接口，但目前仍有很多设备在用此接口。

（2）卫星定位模块：通过试验验证，在城市中高楼遮挡的地区，－120dBm 灵敏度的卫星定位模块会发生明显的位置数据偏移现象，因此规定灵敏度值优于－130dBm。热启动是卫星定位模块在存有星历、历书、时间和位置的情况下开机（通电）；冷启动是指卫星定位模块在不知道星历、历书、时间和位置的情况下开机（通电），通常需要几十分钟才能实现捕获。

（3）无线通信模块：无线数据通信性能主要依靠终端内的无线通信模块，因此建议生产厂商采用经过移动通信行业检验认证的无线通信模块。

（4）电源：为减少终端在实际安装、修理中因误操作及电器故障出现的损坏，规定终端的电源电压适应性、耐电源极性反接、耐过电压、断电保护、低压保护等方面的要求，以提高终端在各种严酷电器环境下的耐受程度和工作可靠性，这些要求参考了汽车行业标准《汽车电气设备基本技术条件》（QC/T 413），同时，考虑到在北方冬季极低温度下对电池性能有很大影响，规定不少于 10min。

（5）电磁兼容性：电磁兼容性对终端这样的电子信息类产品非常重要，根据终端的实际使用情况与工作环境，在车辆行驶过程中，乘客和座椅之间的摩擦，车轮与地面间的摩擦，车辆行驶时车身与空气的摩擦都会累积一定数量的静电荷（可高达上千伏），这些静电荷在人与之接触时就会产生静电放电现象，静电放电过程中产生的放电电压、电流、电磁场都有可能产生终端的工作异常或被损坏；汽车在发动点火瞬间会通过车内电源线产生瞬间大电流高压脉冲，由发动机点火与电子系统配线的电缆之间的杂散电容/电感所产生的交变干扰，这种干扰也通过电源线耦合到终端；终端的行车记录功能中采集车速信号受车辆本身的脉冲群干扰较大，因此在电磁兼容方面规定了终端的静电放电抗干扰度、瞬态抗扰性与抗汽车点火干扰三项。

标准中试验等级的规定充分考虑了终端工作电气环境的严酷程度。在试验要求中"不应出现电气故障"是指在试验后终端不应出现电气部件损坏等现象，考虑到实际情况，试验中允许打印、显示等出现乱码等异常现象，但是在试验结束后，功能应恢复正常。

需要指出的是，当前汽车上 70% 的创新来源于汽车电子。国内外生产的部分客车中，汽车电子设备价值已超过了整车价值的 30%。目前，电子设备广泛应用于汽车发动机控制系统、自动变速系统、制动系统、调节系统以及行驶系统中。随着汽车电气设备数量和种类的不断增加,工作频率的不断提高,汽车内的电子环境日益复杂。在汽车运行过程中,汽车内的交流发电机和电动机工作时、触点开启及闭合瞬间或者外部强磁场通过耦合方式都会沿车内电源线或信号线产生很高的噪声电压,威胁电子器件。因此终端的电源、ACC 检测、车速采集等与汽车直接相连的模块需有滤波去噪措施,保证终端的可靠性。

5. 安装要求

终端的安装对其使用可靠性影响重大,安装要求主要针对在用汽车的后装要求,新车的安装问题比较简单,主要由汽车制造商来规范,在电气线路安排,面板设置等方面均可在新车出厂时就加以考虑,自行负责设计、安装、调试。

由于安装规范涉及车辆的安全性,终端安装不应影响车辆原有的结构、电气安全以及方便终端的使用、维修、校准。结构安全是指终端在安装定位时不应损坏汽车原有的机械结构性能,电气安全是指终端的电源线路与其他信号线路的布置应确保不损坏车辆的原有线路,并保证安全。

(二)《道路运输车辆卫星定位系统终端通讯协议及数据格式》

此标准主要规定了道路运输车辆卫星定位系统车载终端与监控平台之间的通讯协议与数据格式,通信基础、通信连接、消息处理、协议分类与格式说明。

通信协议采用的是 TCP 或 UDP,监控平台作为服务器端,车载终端作为客户端,同时,为保障数据连接的有效性,当数据通信链路异常时,车载终端可以采用 SMS 消息方式进行通信。具体信息格式和处理逻辑属于较为复杂的通信系统学科,不在本文中进行复述。

第三节 车辆动态监督检查

一、管理体系

道路运输车辆动态监督管理应当遵循企业监控、政府监管、联网联控的原则。

1. 企业监控

道路运输企业是道路运输车辆动态监控的责任主体。

道路运输企业承担安全生产主体责任,是指道路运输企业在生产经营活动全过程中,必须按照安全生产法规履行的义务和承担的责任,否则接受未尽责的追究。道路运输企业是生产经营活动的主体,是安全生产工作责任的直接承担主体。

贯彻落实安全法规,依照相应制度要求办事,是道路运输企业依法经营的主要体现、负责人应尽的义务、生存发展的内在需求、提高安全生产管理执行力的基本手段、预防安全事故的最基本防线、追求利益最大化的最终目的、实现物质利益和社会效益的最佳结合。

2. 政府监管

在道路运输车辆动态监管工作中,政府部门的职责不是监控车辆的动态信息,而是监督企业是否履行动态监控的主体责任,依据各自的法定职责,对相关违法行为进行处罚,实施行业管理。

3. 联网联控

道路运输点多线广、流动分散、主体众多，仅仅依靠"人盯人"的传统管理方式，很难实现有效管理和快速提升。利用现代信息技术手段加强对营运车辆的动态管理，是落实运输企业安全主体责任、提高安全效能、保障道路运输安全的有效手段。

早期，各大运输企业为了对所属车辆进行有效的管理，纷纷建立了企业级的卫星定位监控系统。由于这些车辆监控信息是分散的，管理部门不能对运输车辆进行动态安全监管，不能实时掌握货物和客源的流向与变化，使得"看不到、听不见、管不着"的问题长期阻碍着道路运输行业的健康发展，极大地阻碍了道路运输生产力的发展。2009 年，交通运输部以上海世博会为契机，整合道路运输行业现有动态监控资源，组织建设了全国重点营运车辆联网联控系统，实现了营运车辆数据跨部门、跨区域交换，为道路运输车辆联合监管提供了有效的技术支撑。联网联控系统的建成，在上海世博、广州亚运、深圳大运会这些大型活动中发挥了至关重要的作用。

为确保联网联控系统规范化运行，交通运输部相继发布了道路运输车辆卫星定位系统平台和车载终端系列标准，会同公安部、国家安监总局、工业和信息化部联合印发了《关于加强道路运输车辆动态监管工作的通知》（交运发〔2011〕80 号），进一步加强道路运输安全管理工作。

在此基础上，交通运输部于 2011 年 10 月启动"重点运输过程监控管理与服务示范工程"，在 9 个省市开展示范工程建设，进一步完善联网联控功能，强化道路运输日常运营规范性监管、区域联网执法、道路货运公共安全监管、应急指挥调度等方面的应用，提高道路运输车辆动态监管的信息化应用能力和水平。

二、监控管理

（一）基本信息管理

1. 道路运输企业

道路运输企业应当在监控平台中完整、准确地录入所属道路运输车辆和驾驶人员的基础资料等信息，并及时更新。录入的信息包括但不限于：车辆所属的省市县信息、车主（业户）的姓名（完整名称）、联系人姓名、联系人手机、车辆识别代码/车架号、车牌号、车牌颜色、车辆类型、车辆品牌、车辆型号、总质量、核定载质量（kg）、准牵引总质量（kg）、外廓尺寸（mm）长宽高、轴数、轮胎数等信息。

信息的完善工作应在卫星定位装置上线后的两周内完成，并且所录入的车辆信息应与车辆的各类纸质材料保持一致；驾驶人员、车主信息也应与相应的驾驶证、行驶证信息保持一致；在出现信息变更时，应在变更完成后的两周内进行平台的信息更新。

2. 信息上报管理

道路旅客运输企业和危险货物道路运输企业监控平台应当接入全国重点营运车辆联网

联控系统,并按照要求将车辆行驶的动态信息和企业、驾驶人员、车辆的相关信息逐级上传至全国道路运输车辆动态信息公共交换平台。

对于道路旅客运输企业和危险货物道路运输企业监控平台,车辆信息首先接入企业平台,再通过逐级上传的方式最终上传至全国道路运输车辆动态信息公共交换平台。

3. 道路运输管理机构

道路运输管理机构在办理营运手续时,应当对道路运输车辆安装卫星定位装置及接入系统平台的情况进行审核。按照《国务院关于加强道路交通安全工作的意见》(国发〔2012〕30 号)的要求,旅游包车、三类以上班线客车、危险品运输车和校车应严格按规定安装使用具有行驶记录功能的卫星定位装置。重型载货汽车和半挂牵引车应在出厂前安装卫星定位装置,并接入道路货运车辆公共监管与服务平台。

《交通运输部关于贯彻落实〈国务院关于加强道路交通安全工作的意见〉的通知》(交运发〔2012〕490 号)中提出,确保旅游包车、危险品运输车辆、三类以上班线客运车辆安装符合标准的终端产品,并全部接入联网联控系统。农村客运车辆要逐步安装使用卫星定位装置,卧铺客车必须加装车载视频监控装置。

(二)运输过程管理

1. 道路运输管理机构

(1)道路运输管理机构负责建设和维护道路运输车辆动态信息公共服务平台,落实维护经费,向地方人民政府争取纳入年度预算。道路运输管理机构应当建立逐级考核和通报制度,保证联网联控系统长期稳定运行。

从全国重点营运车辆联网联控系统的建设情况来看,道路运输车辆动态信息公共服务平台是实现"两客一危"车辆动态信息跨区域、跨部门共享和交换的基础性平台,负责汇总辖区内"两客一危"车辆动态信息,并逐级上传到部级道路运输车辆动态信息公共服务平台。因此,各级道路运输管理机构运行、维护好道路运输车辆动态信息公共服务平台,是做好道路运输车辆动态监管工作的基础。

针对联网联控系统长期稳定运行,交通运输部、公安部、国家安监总局、工业和信息化部联合发布的《关于加强道路运输车辆动态监管工作的通知》(交运发〔2011〕80 号),也针对道路运输车辆动态信息公共服务平台的运行维护提出了专门的要求,"加强对营运车辆动态信息公共服务平台的维护,制定平台长期稳定运行的保障机制。要落实专项经费,保证公共服务平台长期稳定运行,并将其纳入部门和地方的年度预算。"建设和维护好道路运输车辆动态信息公共服务平台,必须投入大量的资金。制定本条规定的初衷,就是方便各省据此向当地财政申请专项经费,建立长效的运维保障,确保全国重点营运车辆联网联控系统稳定运行。同时,要建立逐级考核和通报制度,通过层层落实、层层监督、层层检查的逐级考核和通报,可以有效地避免责任不清的情况发生,提高整体的管理效力。

(2)道路运输管理机构、公安机关交通管理部门、安全监管部门间应当建立信息共享机制。

公安机关交通管理部门、安全监管部门根据需要可以通过道路运输车辆动态信息公共服务平台，随时或者定期调取系统数据。

道路运输车辆卫星定位系统平台和车载终端产生的有关车辆、驾驶人员、企业的相关信息，有助于运输企业实时掌握车辆的运行状态，是否有超速行驶、疲劳驾驶等道路交通违法行为，有助于管理部门备查车辆是否按照规定线路行驶、运输企业是否按照规定对所属车辆进行动态监控等行为。

根据各部门的职责分工不同，需要建立部门间的信息共享机制，充分发挥车辆动态信息的价值，有效地避免和减少道路交通事故。交通运输部门或道路运输管理机构获得的车辆动态信息，如果仅限于本机构、本部门使用，则该动态信息就只能实现本行业管理和市场监督的目的，其价值也只能在本机构、本部门内部得到体现，不利于车辆动态信息利用价值的最大化。而对于整个运输过程中道路交通违法行为，乃至运输企业不履行安全主体责任的行为，都得不到相应的处罚，从而使得动态监管工作也不能够形成对行业的威慑力，不利于道路运输交通安全。因此，本条规定，道路运输管理机构、公安机关交通管理部门、安全监管部门间应当建立信息共享机制。

根据各部门职责分工，本条规定，公安机关交通管理部门、安全监管部门根据需要可以通过道路运输车辆动态信息公共服务平台，随时或者定期调取系统数据。公安、安监部门可以根据自身的情况，利用道路运输车辆动态信息公共服务平台共享的信息，与交通运输部门、道路运输管理机构实现联合监管，从不同的层面督促运输企业（经营者）落实安全主体责任，强化道路交通安全。

2.道路运输企业

（1）道路旅客运输企业、危险货物道路运输企业和拥有50辆及以上重型载货汽车或牵引车的道路货物运输企业应当配备专职监控人员。专职监控人员配置原则上按照监控平台每接入100辆车设1人的标准配备，最低不少于2人。

监控人员应当掌握国家相关法规和政策，经运输企业培训、考试合格后上岗。

为了确保安全监管工作到位，道路旅客运输企业、危险货物道路运输企业必须设置监控人员岗位，并要求根据其运输企业监控的车辆规模按照每100辆车1人的标准配备，最低不少于2人，道路运输企业监控车辆100辆以下或200辆以下的配备2名监控人员，200以上的每增加100辆需相应增加1名监控人员。道路运输企业监控人员必须为道路运输企业正式职工。监控人员要对车辆进行营运车辆实行7×24小时监控，实时掌握车辆行驶。

监控人员上岗前必须进行严格的培训，培训合格后在企业所在地道路运输管理机构进行备案。

（2）道路运输企业应当建立健全动态监控管理相关制度，规范动态监控工作。

明确建立系统平台的建设、维护及管理制度，包括运行网络与硬件设备的日常维护、定期维护、故障诊断与排除；基础支撑平台软件的日常运行维护、故障诊断与排除；系统软件的日常运行维护、完善、优化、拓展、升级与发布；数据的交换、传输与定期备份；软硬件配置变更管理;防病毒、防入侵、身份认证、数据加密等安全维护。

建立车载终端安装、使用及维护制度。对新入户车辆安装规定要求的卫星定位装置和回收报废车辆的卫星定位装置,定期对车载卫星定位装置进行巡回检查,发现问题及时处理。严格按照有关规程的要求进行计划检修和处理日常故障,力求使所修设备尽快恢复原有功能,并确保检修工作的质量和安全,认真详细地做好维修记录。

建立监控人员岗位职责及管理制度。监控发现异常情况,监控人员应及时告诫车辆驾驶员。发现安全隐患、事故,监控人员应及时向本单位安全管理人员和单位负责人报告。设置车辆监控终端系统监控管理员岗位。监控管理员每天按时上下班,实时对入网车辆的运行信息和异动数据进行监控,并做好监控记录。

建立交通违法动态信息处理和统计分析制度。针对运输企业的违章、违法情况动态信息可进行实时的处理分析,实现对车辆、驾驶员违章、违法行为的统计,可将其作为运输企业考核、驾驶员考核聘用等基础条件。

建设其他需要建立的制度。可以将卫星定位纳入到道路运输企业安全例检工作、车辆年度审验、客运车辆进站报班等管理工作中,拓宽行业的应用范围。

(3)道路运输企业应当根据法律法规的相关规定以及车辆行驶道路的实际情况,依法依规设置监控超速行驶和疲劳驾驶的限值,以及核定运营线路、区域及夜间行驶时间等,在所属车辆运行期间对车辆和驾驶员进行实时监控和管理。

设置超速行驶和疲劳驾驶的限值,应当符合客运驾驶人员 24 小时累计驾驶时间原则上不超过 8 小时,日间连续驾驶不超过 4 小时,夜间连续驾驶不超过 2 小时,每次停车休息时间不少于 20 分钟,客运车辆夜间行驶速度不得超过日间限速 80% 的要求。

(4)监控人员应当实时分析、处理车辆行驶动态信息,及时提醒驾驶人员纠正超速行驶、疲劳驾驶等违法行为,并记录存档至动态监控台账;监控人员必须确保 7×24 小时对营运车辆监控到位,发现营运车辆出现超速、疲劳驾驶、不按规定线路行驶等违法行为,应立即进行处理,可以通过卫星定位装置、联系驾驶员、押运员等形式告知驾驶员,提醒其纠正违法行为,并将处理情况进行记录、备查。

对经提醒仍然继续违法驾驶的驾驶人员,应当及时向企业安全管理机构报告,安全管理机构应当立即采取措施制止;对拒不执行制止措施仍然继续违法驾驶的,道路运输企业应当及时报告公安机关交通管理部门,并在事后解聘驾驶员。

动态监控数据应当至少保存 6 个月,违法驾驶信息及处理情况应当至少保存 3 年。对存在交通违法信息的驾驶员,道路运输企业在事后应当及时给予处理。

(5)道路运输经营者应当确保卫星定位装置正常使用,保持车辆运行实时在线。

卫星定位装置出现故障不能保持在线的道路运输车辆,道路运输经营者不得安排其从事道路运输经营活动。

道路运输经营者包括道路客运企业、道路货运企业、货运个体经营者等,必须确保卫星定位装置的正常使用,保持车辆运行实时在线。卫星定位装置的正常使用,指卫星定位终端可以正常接收卫星信号,正常获得位置、速度等符合《道路运输车辆卫星定位系统 终端通讯协议及数据格式》(JT/T 808)所要求采集的相关数据,并且同企业监控平台保持正常的通讯链路,可完成将相关数据的自动上报。保持车辆在线,指卫星定位终端设备可正确记录并实时上传营运车辆的相关信息,确保营运车辆的行驶轨迹是完整、连续的。

企业安全人员或驾驶人员要在出车前对卫星定位装置的运行情况进行检查,当卫星定位装置出现故障后,营运车辆必须停止道路运输经营活动。当卫星定位装置在路途中发生故障,需在完成一次运输任务后,及时进行卫星定位装置的维修或更换,否则不允许再次从事道路运输经营活动。

(6)任何单位和个人不得破坏卫星定位装置以及恶意人为干扰、屏蔽卫星定位装置信号,不得篡改卫星定位装置数据。包括:运输企业、为运输企业提供卫星定位服务的运营商以及其他技术支持机构、驾驶人员等,均不得破坏营运车辆卫星定位装置,恶意干扰、屏蔽卫星定位装置信号,篡改卫星定位装置数据,否则将依法追究其法律责任。

运输企业要确保营运车辆上的卫星定位装置正常工作,不得以任何手段破坏卫星定位装置,不得随意拆卸、更换装置,不得采用任何干扰、屏蔽卫星定位装置的手段。要对驾驶员等相关人员使用卫星定位装置的知识进行普及教育,保证卫星定位装置的正常工作。

运输企业自行建设或使用卫星定位运营服务商建设的营运车辆监控平台不得对卫星定位装置上传的数据进行修改、伪造后向上级政府监管平台上传非真实数据。

(7)卫星定位系统平台提供持续、可靠的技术服务,保证车辆动态监控数据真实、准确,确保提供监控服务的系统平台安全、稳定运行。

交通运输部、各级地方政府、运输企业及为运输企业提供车辆卫星定位服务的平台建设、运维方(包括参与全国重点营运车辆联网联控系统的运营商和货运公共服务平台的服务商),必须确保其建设、运维的平台稳定运行且可提供持续的服务。

三、监督检查

(一)职责分工

1.道路运输管理机构

道路运输管理机构应当充分发挥监控平台的作用,定期对道路运输企业动态监控工作的情况进行监督考核,并将其纳入企业质量信誉考核的内容,作为运输企业班线招标和年度审验的重要依据。

实践证明,道路运输车辆动态监管工作是预防与减少道路运输交通事故尤其是遏制重特大事故的重要举措,道路运输企业用好监控平台,是做好道路运输车辆动态监管工作的基础。

交通运输部、公安部、国家安监总局、工业和信息化部《关于加强道路运输车辆动态监管工作的通知》(交运发〔2011〕80 号)要求,"要加强考核,建立逐级考核和通报制度,定期对下级管理机构和运输企业进行考核,并将考核情况报送上级管理部门"。加大对道路运输企业开展动态监控工作的情况进行监督考核的力度,可以有效促进企业充分利用监控平台,对其所属的运输车辆的地理位置、运行速度、运行轨迹等信息进行实时监控,及时提醒和纠正运输车辆驾驶员的道路交通违法行为,有效预防和减少道路运输交通事故。同时,应将运输企业动态监控工作考核情况,纳入企业质量信誉考核的内容,作为运输企业班线招标和年度审验的重要依据。

2. 公安机关

公安机关交通管理部门可以将道路运输车辆动态监控系统记录的交通违法信息作为执法依据,依法查处。

依据职责分工,公安机关交通管理部门主要职责包括依法查处道路交通违法行为和交通事故,维护城乡道路交通秩序,开展机动车辆安全检验、牌证发放和驾驶员考核发证工作,开展道路交通安全宣传教育活动等。

道路运输驾驶人员是道路交通的参与者,其运输过程中的违法行为如不及时纠正,将直接影响道路运输安全暨道路交通安全,给人民群众的生命财产安全带来极大的隐患。近年来,通过动态监控技术,实现道路运输车辆动态监管,在很大程度上减少了道路交通事故。2011 年 3 月,交通运输部、公安部、国家安监总局、工业和信息化部联合印发了《关于加强道路运输车辆动态监管工作的通知》(交运发〔2011〕80 号),首次提出,"公安部门根据符合标准的卫星定位装置采集的监控记录资料,严格依法查处超速行驶、疲劳驾驶等道路交通安全违法行为"。2012 年 7 月,《国务院关于加强道路交通安全工作的意见》(国发〔2012〕30 号)再次明确提出,强化道路交通安全执法,车辆动态监控系统记录的交通违法信息作为执法依据,定期进行检查,依法严格处罚。

3. 安全监管部门

安全监管部门应当按照有关规定认真开展事故调查工作,严肃查处违反规定的责任单位和人员。

依据职责分工,安全监管部门主要职责包括综合管理和宏观指导安全生产工作,对安全生产行使国家监督职能;组织安全生产大检查,开展安全生产执法活动;负责伤亡事故统计分析,组织协调重大事故的调查处理等。

2011 年 3 月,交通运输部、公安部、国家安监总局、工业和信息化部联合引发了《关于加强道路运输车辆动态监管工作的通知》(交运发〔2011〕80 号),首次提出,"安全监管部门利用动态监督手段,做好应急指挥及事故调查处理工作"。

据此,《办法》明确规定,安全监管部门应当按照有关规定认真开展事故调查工作,严肃查处违反规定的责任单位和人员。从立法的角度进一步强化,从根本上解决"有法可依,违法必究"的问题。

(二)具体措施

道路运输管理机构、公安机关交通管理部门、安全监管部门监督检查人员可以向被检查单位和个人了解情况,查阅和复制有关材料。被监督检查的单位和个人应当积极配合监督检查,如实提供有关资料和说明情况。

道路运输车辆发生交通事故的,道路运输企业或者道路货运车辆公共平台负责单位应当在接到事故信息后立即封存车辆动态监控数据,配合事故调查,如实提供肇事车辆动态监控数据;肇事车辆安装车载视频装置的,还应当提供视频资料。

被检查的单位或者个人是指与监督检查的事项有关的单位或者个人,包括企业主要负责人、安全负责人、监控人员、道路运输车辆驾驶人员、提供社会化服务的企业或者个人,以及其他与监督检查事项有关的单位或者个人。监督检查人员调取有关文件和资料时,应当以原始凭证为据,调取原始凭证有困难的,可以复制,但复制件应当注明"经确认与原件无误"的字样,并由出具该文件、资料的单位或者个人签名或者盖章。

被检查的单位或者个人必须如实说明情况,不得拒绝或作与事实不符的虚假陈述。

第四节　管理信息化

一、安全监控

(一)报警及处理

1.警情报警

监控系统支持接收由车载终端触发的报警信息,包括紧急报警、设备故障报警、偏离路线报警、区域报警、超速报警、疲劳驾驶报警、断电报警、超时停车报警和电瓶欠压报警等。监控系统能自行根据业务需求产生报警,并能配置是否下发终端进行报警提示。产生报警时,可通过声、光、图片和文字等方式提示并显示车辆动态位置信息、静态信息和相关信息。

2.信息处理

监控系统具备对终端上报的报警信息和企业平台分析产生的报警信息进行处理的功能,支持将报警信息和报警处理结果信息实时传送到政府平台,并响应政府平台下发的报警处置请求指令。报警信息处理过程包括报警信息确认、报警处置、报警处理情况登记和报警信息处理状态跟踪。报警处理可依据不同报警类型进行如下方式的处置,包括车辆监听、拍照、报警解除和下发信息等,通过下发信息达到提醒驾驶员的目的。所有报警及报警处理信息均应记录并提供查询功能。

(二)监控功能

1.车辆监控管理

车辆监控管理包括车辆上下线实时提醒、车辆调度、车辆监控、车辆跟踪、车辆点名、车辆查找、区域查车和车辆远程控制等功能。

(1)车辆上下线实时提醒:实时反映车辆上下线情况,通过声、光等形式进行提醒;

(2)车辆调度:通过多种方式选择车辆,并向车辆下发调度信息;

（3）车辆监控:实时接收终端上传的动态信息,并在电子地图上显示其位置,并可根据需要显示车辆动态信息;

（4）车辆跟踪:以定时方法,在电子地图显示单车或多车实时位置和状态信息;

（5）车辆点名:向指定车辆发送车辆点名命令,终端上报车辆位置信息,企业平台在电子地图上显示车辆位置;

（6）车辆查找:按照车牌号码、SIM卡号码、驾驶员、企业和车队等条件查询车辆;

（7）区域查车:在电子地图上查询设定区域的当前车辆;

（8）车辆远程控制:将监听、解除监听、无线通信连接、图片抓拍等不会影响车辆运行安全的指令发送到终端,通过终端实现相应功能。

2. 定时定位车辆查询

监控系统具备根据车辆的轨迹数据,查询指定时间段内、经过指定区域的车辆信息的功能,并且支持多区域多时间段的联合查询。

3. 终端运行监控

监控系统提供终端运行情况监控功能,能够实时监控终端在离线情况,并提供运行监控分析。

4. 车辆视频监控

企业平台可提供对单车或多车的视频信号实时监控及历史视频数据调用查看功能。

（三）平台接口功能

1. 与政府平台信息交互

（1）监控系统具备与政府平台的信息交换的功能,包括车辆动态信息、静态信息和跨域信息的交换;

（2）监控系统具备与上级政府平台重连后自动补报断开期间动态位置信息的功能;

（3）监控系统具备接收上级政府平台下发通知并进行醒目显示的功能;

（4）监控系统具备下发上级政府平台指令到车载终端的功能。

2. 监控平台间连接情况

监控系统具备监控自身与上级政府平台间连线情况功能,在掉线时以声、光等提示信息提示用户直至恢复连接。

（四）监管功能

1. 监管巡查

监控系统能够响应政府平台下发的查岗指令,并将查岗结果上报到政府平台。

2. 监管平台实时数据交换

企业平台收到车辆上报动态位置信息后,立刻向政府平台实时上报车辆的位置、状态信息和报警信息,响应政府平台对车辆的拍照和监听等车辆远程控制指令,显示政府平台下发信息。

3. 统计分析功能

监控系统具备对车队或车辆报警、行驶里程、车辆上线率、历史轨迹有效性等信息的统计分析功能，并以文字或图表方式表示统计分析结果。

（五）管理功能

1. 终端管理

终端管理具备终端参数配置管理、终端开户、销户、车辆停用、车辆转组和终端转车等功能。其中终端参数配置管理包括 IP 地址配置、报警参数配置、区域设置和路线设置配置、终端固件升级等。

2. 基础信息管理

通过对 SIM 卡管理、终端管理、车辆管理、从业人员管理、车队、运输企业管理等功能，建设实现基础数据库，并可以提供对车辆信息的综合查询。

3. 行驶记录管理

监控系统具备远程调用车辆行驶记录相关信息的功能，并能够对车辆行驶记录信息保存、查询、统计、分析和打印。

4. 多媒体信息管理

监控系统具备对终端上传的音频、视频、图片等信息的检索上传、存储及查询等功能。

5. 平台管理

监控系统具备用户管理、角色管理、权限管理、日志管理和报警控制配置等功能。其中报警控制配置功能实现对报警的声、光提示可控配置。

（六）实时监控

1. 偏离路线报警

由于危险货物道路运输行业对车辆运输线路有严格要求，可以实现车辆与固定线路实时绑定的功能，一旦出现擅自改变线路等违规操作，就会立刻发出报警，提示系统监控员。当车辆偏离预设的行驶路线范围超出阈值时报警，并以声、光等方式提示，提供对偏离路线报警的记录和处理。

2. 线路关键点监控

支持对车辆行驶路径关键点时间的监控，即当车辆未按照规定时间内到达或离开指定位置时，实时以声、光等方式提示，提供对报警的记录和处理。

3. 区域报警

固定区域报警设置功能，将车辆运行状态与固定区域结合，实现了明确规定车辆装卸、中途停车点，并提供详细报表记录的功能，且对违规操作发出报警。监控系统具备在平台上设定圆形或多边形的限制区域，实现车辆进出区域后报警的功能，并以声、光等方式提示，提供对报警的记录和处理，并能对报警对象车辆实现批量调度处理。

4. 分路段限速监控

车辆超速是造成交通事故最主要的原因之一，尤其对于危险品运输行业，速度控制是保证安全的重中之重。对运输车辆速度的控制有三类:地图道路速度控制、固定线路速度控制和固定区域速度控制,主要通过限速,规避驾驶员违规驾驶带来的风险。监控系统能对分路段设置限速阈值,实现超速报警,并提供对超速的警告、记录和处理。

5.疲劳驾驶报警

通过 IC 卡管理驾驶员工作状态,采用平台累计车辆运行时间和两次停车间连续运行时间来判断是否疲劳驾驶。一旦超过系统设置上限,立刻报警提示平台监控人员,并通过报警喇叭提醒驾驶员。当驾驶员连续驾驶时间超过阈值时报警,以声、光等方式提示,并提供疲劳驾驶报警的记录和处理。

6.驾驶员身份识别

危运证件管理模块,对车辆启动设置条件,驾驶人员、押运人员需通过 IC 卡身份认证后方能启动车辆,对资质不符现象发出报警,且认证方便快捷。对终端上传的驾驶员身份信息识别,并将驾驶员身份有效性结果信息下传到终端,完成驾驶员身份识别过程。

二、运行组织

运行组织是一套完善的安全管理体系(图 5-2),其重点是精细化管理,目标是实现对危险货物运输"全过程、全要素"安全监管。

运行组织主要内容是在以上 6 个方面对人、车辆、货物、道路、站场、环境等六大风险因素进行管理。具体架构如图 5-3 所示。

运行组织平台业务涉及文件控制、安全采购、风险管理和控制、运输合规性保障、教育和培训、运输过程管理、日常维护、考核与激励、安全审计、决策支持等关键过程,共包括运输线路管理系统、道路安全风险评估系统、气象灾害预警系统、基础信息管理系统、人员档案管理系统、车辆档案管理系统、知识库管理系统、在线教育和培训系统、安全检查

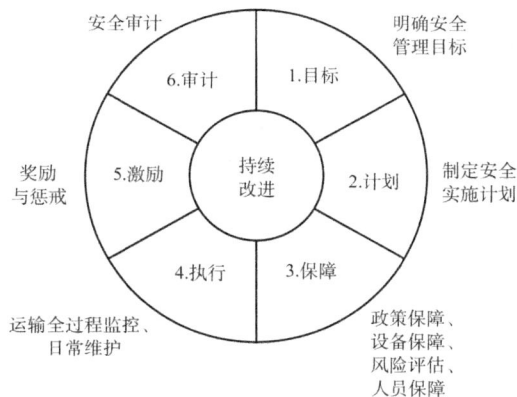

图 5-2 运行组织示意图

系统、电子运单管理系统、运输过程监控管理系统、警情处置与跟踪系统、车辆检测与维护保养管理系统、安全驾驶绩效考核系统、安全文件控制系统、安全采购管理系统、场站环境监测系统、通行证管理系统、重点营运车辆联网监控与考核系统、事故追溯与隐患改进系统、运输安全审计系统、安全运输行为大数据分析系统等共 22 个信息系统。

(1)安全文件控制系统。危险货物运输安全文件包括行业相关的政策、法规、标准规范、文件通知,公司制定的管理制度、实施方案等文件,规定了危险货物运输管理的要求、目标、对象范围、实施计划、管理机构、角色分工、业务流程、质量要求、考核办法,以及其他规章制度。安全文件控制就是对安全文件实施规范性管理,保证相关文件的受控性、易用性和有效性。

关键过程	安全管理程序				
目标、计划					
文件控制	安全文件控制				
保障					
安全采购	安全采购管理				
风险管理和控制	运输线路管理	道路安全风险评估	场站环境监测	气象灾害预警	
运输合规性保障	基础信息管理	人员档案管理	车辆档案管理	通行证管理	重点营运车辆联网监控考核
教育和培训	知识库管理	在线教育和培训			
执行					
运输过程管理	安全检查	电子运单管理	运输过程监控管理	警情处置与跟踪	
日常维护	车辆检测与维修管理				
激励					
考核与激励	事故追溯与隐患改进	安全驾驶绩效考核			
审计					
安全审计	运输安全审计				
决策支持	安全运输行为大数据分析	⇨ 大数据辅助决策			

图 5-3 运行组织基本架构

（2）安全采购管理系统。安全采购管理系统对危险货物运输所需要的设备的采购工作进行规范管理，规定采购的角色分工、流程以及计划，根据资质、价格、效率、诚信等对设备提供商、罐体及阀门检测机构、维修保养及救援厂家进行评估，列表展现所有采购设备的台账，自动对设备的有效期进行监控提醒，支持对历史采购信息进行查询和统计。整理维修救援机构信息，当车辆遇到紧急情况时，可以及时获取救助服务。

（3）运输线路管理系统。运输线路是运输企业的重要无形资产，运输企业需要全面掌控经营线路的状态、沿线的设施情况。

（4）道路安全风险评估系统。提供风险管理工具，便于企业对现有以及计划新增的线路进行风险标注，与 GIS 数据结合，确定各路段道路等级、是否有急弯、坡道、滑坡、积水、路口分叉、隧道、路障、软路肩或无护栏，是否存在照明、指示标志、交通灯、警示灯、电子监控缺陷等，线路是否经过村镇、学校、集市，当地人员素质、同行车辆类型，哪些路段易受雨、雪、雾、沙尘等影响，通过识别，将道路进行分解，高速公路岔口、匝道、服务区出入口、陡坡、隧道等高风险路段和事故敏感点全部拍照告知每个驾驶人员，根据防御性驾驶要求，提出注意事项和防范措施。达到综合考虑线路风险等级和运输成本，选取比较均衡的运输线路，兼顾安全和成本的目的。

（5）场站环境监测系统。货物运输行为主要就是围绕"三点一线"：装载地、卸载地、停车场、临时停靠点、运输线路，因此场站的环境安全状况也是危险货物运输企业的重点监测目标。本系统通过录入各运输场站的基本信息,实现运输场站的查询;通过设置电子围栏实现对场站车辆的动态信息的查询;通过接入各运输场站的视频、传感器等采集设备,实现对场站的视频及场站环境风险分析。

(6)气象灾害预警系统。气象灾害预警系统接入互联网商用气象信息,按出车前、行车中及收车后三种状态对经营线路及沿线城市的恶劣气象状况如台风、暴雪、强降雨、雷雨、冰雹、大雾、严重雾霾、高温、路面积水等信息进行采集、分析及预警提醒,支持根据运输企业实际情况进行阈值设定,当气象数据达到阈值后可实时进行报警,同时针对山区易发生泥石流、团雾、水毁、路面结冰等路段进行标注,作为线路风险源进行预警处理。

出车前一天分析出经营线路在未来一段时间的天气状况,针对恶劣天气进行提前预警,操作人员可通过时间设置,自动推送第二天有提货任务的驾驶员(按照第二日预计提货的单据的线路推送沿线城市的天气情况),方便采取绕行措施,并根据实际情况推荐避让路线。

车辆行驶过程中,运营值班员实时关注车辆沿线恶劣天气预警信息,遇到突发事件及时将恶劣气象信息通过语音的方式下发至驾驶员 APP 端,起到预警提示的作用,同时驾驶员或押运员在途中遇到异常恶劣天气,也可以进行上报。

收车后,司乘人员对沿途偶发性恶劣气象情况进行后评估,如针对沿线突发团雾、路面结冰等情况,司乘人员将团雾、路面结冰发生的时间、地点、持续时间等信息上报至后台系统,运营值班员根据上报的次数及严重程度人工确认气象风险,确认后作为沿线风险源生效,以提醒后续运营车辆。

由于某些恶劣气象具有地域及时间特点,因此建立气象灾害风险源管理库,针对易发生泥石流、团雾、路面结冰等运营线路按照时间及地域特点进行风险标注,以提醒驾驶员。

(7)人员档案管理系统。危化品运输对从业人员有较高的要求,本系统实现对企业安全管理人员、驾驶人员、押运员、安全员、装卸管理人员等从业人员基本信息、驾驶证、押运证、安全员证、危化品资格从业证、特种压力设备操作证、易燃易爆物品作业证、保险等信息进行管理,并对即将到期的资质证件和保险信息自动提醒相关负责人及时进行续保、续证。对从业人员进入企业后的教育培训、工作执行、奖惩等记录进行完整周期的档案管理。同时通过 APP 提供签到服务,记录签到位置、时间及形式状态等信息。

(8)车辆档案管理系统。通过系统数据同步、登记等方式对牵引车、挂车(罐式、厢式、敞开式等)、货车的基本信息,购置信息,保险信息,证件信息,检测信息,罐体检测情况、准运货物情况,工具设备信息,维护信息,罐体、集装箱、阀门、紧急切断装置、压力表、油压泵、轮胎等的安装信息等进行记录,与车辆运输任务信息、货物信息、事故信息、驾驶员信息、过户转籍等变更信息、报废信息相结合,实现车辆档案的全生命周期管理。系统还能对车辆维修、保养、检测等计划信息,证件、保险的有效期等信息进行提醒。系统通过权限控制,只能查询和管理本企业、本车队内部的车辆信息。

(9)通行证管理系统。政府对危化品的生产、储存、使用、经营、运输实施安全监督管理的部门众多,管理部门及负责的证件主要包括:

①安全生产监督管理部门，负责核发危险化学品安全生产许可证、危险化学品安全使用许可证和危险化学品经营许可证。

②公安机关，负责核发剧毒化学品购买许可证、剧毒化学品道路运输通行证。

③质量监督检验检疫部门，负责核发危险化学品及其包装物、容器（不包括储存危险化学品的固定式大型储罐）生产企业的工业产品生产许可证。

④环境保护主管部门，负责危险化学品环境管理登记和新化学物质环境管理登记。

⑤交通运输主管部门，负责危险货物道路运输许可。

⑥工商行政管理部门，负责核发危险化学品生产、储存、经营、运输企业营业执照。

此外，未经公安机关批准，运输危险化学品的车辆不得进入危险化学品运输车辆限制通行的区域。危险化学品运输车辆限制通行的区域由县级人民政府公安机关划定，并设置明显的标志。

机动车载运爆炸物品、易燃易爆化学物品以及剧毒、放射性等危险物品，应当经公安机关批准后，按指定的时间、路线、速度行驶，悬挂警示标志并采取必要的安全措施。

通过道路运输剧毒化学品的，托运人应当向运输始发地或者目的地县级人民政府公安机关申请剧毒化学品道路运输通行证。

申请剧毒化学品道路运输通行证，托运人应当向县级人民政府公安机关提交下列材料：

①拟运输的剧毒化学品品种、数量的说明；

②运输始发地、目的地、运输时间和运输路线的说明；

③承运人取得危险货物道路运输许可、运输车辆取得营运证以及驾驶人员、押运人员取得上岗资格的证明文件；

④购买剧毒化学品的相关许可证件，或者海关出具的进出口证明文件。

（10）知识库管理系统。系统提供危险货物道路运输知识库相关内容的分类、录入（上传）、管理、展示和查询功能。知识库内容包括危险货物道路运输相关的法律法规、政策标准，科普知识，以及参考国内相关标准、《危险货物国际道路运输欧洲公约》（ADR）和《危险货物运输应急救援指南》（ERG）整理的近3000种危险货物的理化特性、应急处置方法等内容。

该系统为在线教育和培训系统提供题库的基础内容，为危险货物电子运单系统中运单的录入提供有关货物的基础信息，为员工学习危险货物运输专业知识提供素材，为提高危险货物运输全过程的合规性和科学性提供指导。

（11）安全检查系统。安全检查存在于出车前、发货前、运输过程中、卸货后、归场后等各阶段，系统支持对各阶段的检查项进行配置，包括必选检查项和企业额外选择的检查项，并对检查结果进行记录审核。

检查内容包括驾驶员的状态、证件和文件、车辆技术状况、标志标牌、安全设施设备、货物捆扎及防撒失装备等各方面进行检查。重点检查项需要拍照上传。

（12）电子运单管理系统。危险货物运单是《危险货物道路运输规则》（JT/T 617）要求强制使用的单据,也是国际危险货物运输通用规则的要求。运单一方面对承运人进行运输作业有重要的指导作用,同时也是管理部门进行安全监管的载体,对约束承托双方遵守危险货物道路运输有关法律法规及强制性标准具有重要作用。近年来,信息技术的快速发展为实行电子运单制度提供了良好的技术基础,尤其是《道路运输车辆动态监督管理办法》实施以来车载终端的大量应用。在实践方面,目前,在交通运输部的指导下,北京、江苏、浙江、四川、重庆、陕西等省份已开展了电子运单管理制度试点工作。在法规政策方面,已公开征求意见的《危险货物道路运输安全管理办法》(征求意见稿)中,对承运人使用运单也提出了明确要求。

综上,运单的使用对于政府监管及企业监测和优化日常经营均具有重要意义,该系统的功能设计应同时兼顾两个方面的需求。

该系统包括运单管理、运单统计、GPS上线情况监测、行车日志管理以及运途系统原有的安全管理和运力管理共6个功能模块。

(13)车辆检测与维修安全管理系统。该系统旨在对车辆检测与维修业务进行规范化管理,记录和查询车辆进行月检、季检、年检、一级维护、二级维护、临时维修等信息。

和维修单位进行系统对接,所有车辆维修、配件更换记录,均可以在车辆维护记录中查询,包括维修配件价格等。

对轮胎全部生命周期进行跟踪,每个轮胎安装在哪辆车哪个位置,轮胎是否在其他位置安装过,均能查到安装记录。根据轮胎生命周期记录能分析轮胎质量的好坏,为选择供应商提供依据。

用户可以通过该系统进行检测计划管理、维修保养计划管理、检测信息记录、维护保养信息记录、轮胎更换管理、轮胎生命周期查询、配件信息管理、记录查询、维修质量跟踪及到期提醒等。

(14)运输安全审计系统。运输安全审计贯穿企业安全运输管理整个体系。通过审计,确保体系完整且规范执行。通过本系统记录人工和平台自动生成的审核情况。

附录　专业车辆预警与提示技术

危险货物运输车辆装载的货物中,很多是易燃易爆有强烈腐蚀性的物品,一旦发生侧翻、碰撞、泄漏和爆炸事故,将对人民群众的生命和财产造成巨大损失,严重污染周边环境。对近年来多起事故的分析表明,这类运输事故发生的原因有:天气恶劣,道路状况不良,运输车辆超载,驾驶员违规操作、疲劳驾驶等。还有一些情况是驾驶人员被泄漏的危险货物伤害而失去知觉,或者只顾逃逸未能及时报警等,造成事故伤害扩大。鉴于危险货物运输事故后果的严重性,政府和人民群众迫切需要对危险货物运输车辆进行动态实时监控与风险预警提示,以达到降低事故率,减少社会总体损失的目的。

目前主流的监控、预警与提示设备有三类:卫星定位汽车行驶记录仪、车载视频终端和智能视频监控报警终端。

一、卫星定位汽车行驶记录仪

卫星定位汽车行驶记录仪是对车辆行驶速度、时间、里程以及有关车辆行驶的其他状态信息进行记录、存储并可通过接口实现数据输出的数字式电子记录装置。装置内部集成有GPS/北斗定位模块和GPRS/CDMA,或4G通信模块,可以通过GPRS/CDMA、4G通信上传定位信息,发现超速、疲劳、疑点数据,下发文字信息,上传图片、音频、视频等。国家执行标准有《道路运输车辆卫星定位系统车载终端技术要求》(JT/T 794—2011)、《道路运输车辆卫星系统车载终端通讯协议及数据格式》(JT/T 808—2011)。

2011年3月,交通运输部、公安部、安全生产监督总局、工业和信息化部四部委联合发布《关于加强道路运输车辆动态监管工作的通知》,要求自2011年8月1日起,新出厂的"两客一危"车辆,在车辆出厂前应安装符合《道路运输车辆卫星定位系统车载终端技术要求》(JT/T 794—2011)的卫星定位装置。对于不符合规定的车辆,工业和信息化部不予上车辆产品公告;凡未按规定安装卫星定位装置的新增车辆,交通运输部门不予核发道路运输证。对于已经取得道路运输证但尚未安装卫星定位装置的营运车辆,道路运输管理部门要督促运输企业按照规定加装卫星定位装置,并接入全国重点营运车辆联网联控系统。从2012年1月1日起,没有按照规定安装卫星定位装置或未接入全国联网联控系统的运输车辆,道路运输管理部门应暂停营运车辆资格审验。公安部门要逐步将"两客一危"车辆是否安装使用卫星定位装置纳入检验范围。

随着该文件的严格落实,全国在运行的危险货物运输车辆均已安装卫星定位汽车行驶记录仪终端。该类设备配合管理平台软件,可以实现车辆实时定位、超速提醒、疲劳行驶提醒(指同一驾驶人员连续驾车超过规定时限)、区域提醒、路线偏离提醒、越界提醒(电子围栏)、电瓶欠压提醒、断电提醒、超时停车提醒、终端故障提醒等功能。

二、车载视频终端

车载视频终端,俗称车载 DVR、MDVR 或车载录像机,是基于数字化视频压缩存储和 3G/4G 无线传输技术(Digital Video Record),结合卫星定位监控、汽车行驶记录仪、SD 卡大容量存储、多路数据接口、语音通话功能。一般认为是卫星定位汽车行驶记录仪设备的升级产品。一般来说,是在卫星定位汽车行驶记录仪上,增加了存储硬盘(或容量 SD 卡)、4-8 路摄像头,按照 JT/T 808、JT/T 1078 协议和管理平台实现数据对接。国家执行标准有《道路运输车辆卫星定位系统　车载终端技术要求》(JT/T 794—2011)、《道路运输车辆卫星定位系统　车载视频终端技术要求》(JT/T 1076—2016)、《道路运输车辆卫星定位系统　视频通讯协议》(JT/T 1078—2016)。

车载视频终端的主要功能如下。

(1)视频功能:采用 H.264 视频压缩技术,实现 4 路/8 路图像实时监控,定时记录、事件记录,报警记录功能,图像分辨率可选。

(2)大容量存储:采用双卡大容量 SD 或硬盘存储图像,具有强力纠错功能,适应车载环境视频和数据文件的安全。

(3)图像视频传输功能:通过 3G/4G 无线网络可以实时传输监控视频,双码流传输,速率可调;可以上传抓拍和报警图片。

(4)多媒体分析功能:采用多媒体行驶记录分析软件,可以实现 4 路/8 路图像同步回放、条件回放、剪辑存储、字符叠加、地理信息和行驶记录叠加功能,事件分析和记录提取功能。

(5)车辆 GPS 监控功能:发生紧急情况时,按住紧急按键 3s 以上,调度监控中心就会收到该报警信息。

(6)卫星定位汽车行驶记录仪功能。

除了卫星定位汽车行驶记录仪具备的主动预警提示功能,车载视频终端主要是增加了视频监控录像功能,没有增加主动预警提示功能。

三、智能视频监控报警终端

智能视频监控报警终端是指安装在满足工作环境要求的车辆上,具备高级驾驶辅助、驾驶员状态监测等功能,旨在帮助驾驶人员在车辆行驶过程中更早、更多、更准确地发现可能导致交通事故的风险隐患并及时提示驾驶人员,从而有效降低交通事故率,并支持与行车记录、卫星定位、车载视频监控等其他外设车载电子设备进行通信,能够向智能视频监控报警平台提供实时信息的设备(引自浙江省道路运输协会发布的《道路运输车辆智能视频监控报警系统终端技术规范》)。

2016 年 12 月 18 日,《中共中央国务院关于推进安全生产领域改革发展的意见》印发,这是新中国成立以来第一个以党中央、国务院名义出台的安全生产工作纲领性文件。其中关于"两客一危"领域明确提出:"完善制造标准,提高安全性能,强制安装智能视频、防碰撞和整车整船安全运营监管技术设备,对已运行的要加快安全技术装备改造升级"。2018年8月22日,《交通运输部办公厅关于推广应用智能视频监控报警技术的通知》(交办运〔2018〕115号)文件印发,文件中明确提出:"各地要鼓励支持道路运输企业在既有三类以上班线客车、旅游包车、危险货物道路运输车辆、农村客运车辆、重型营运货车(总质量12t及以上)上安装智能视频监控报警装置,新进入道路运输市场的'两客一危'车辆应前装智能视频监控报警装置,实现对驾驶人员不安全驾驶行为的自动识别和实时报警。"该技术同时得到企业欢迎,部分省市已开始部署推广应用智能视频监控报警技术的工作。

　　该种设备是最近几年才进入政府管理部门和行业从业人员视野的预警提示设备,本文将采用较大篇幅进行介绍。智能视频监控报警终端采用深度学习技术与机器视觉技术,对设备采集到的视频进行智能分析,可以发现危险驾驶、违规驾驶等行为,及时作出声、光报警,并截取该行为前后10s左右的视频,通过4G无线网络上传到动态监管平台,接受公司监管。当前市场上的设备形态各异,一般来说,这类设备都具备高级驾驶辅助功能(简称"ADAS")和驾驶人员状态监测功能(简称"DSM")。有一些厂商的设备同时还具备卫星定位汽车行驶记录仪功能和视频监控终端功能。比如浙江路优优科技有限公司生产的路优优智能汽车行驶记录仪L6型产品,就同时具备高级驾驶辅助功能、驾驶人员状态监测功能、卫星定位汽车行驶记录仪功能、视频监控终端功能、手咪对讲等功能,系统构成如附图1所示。

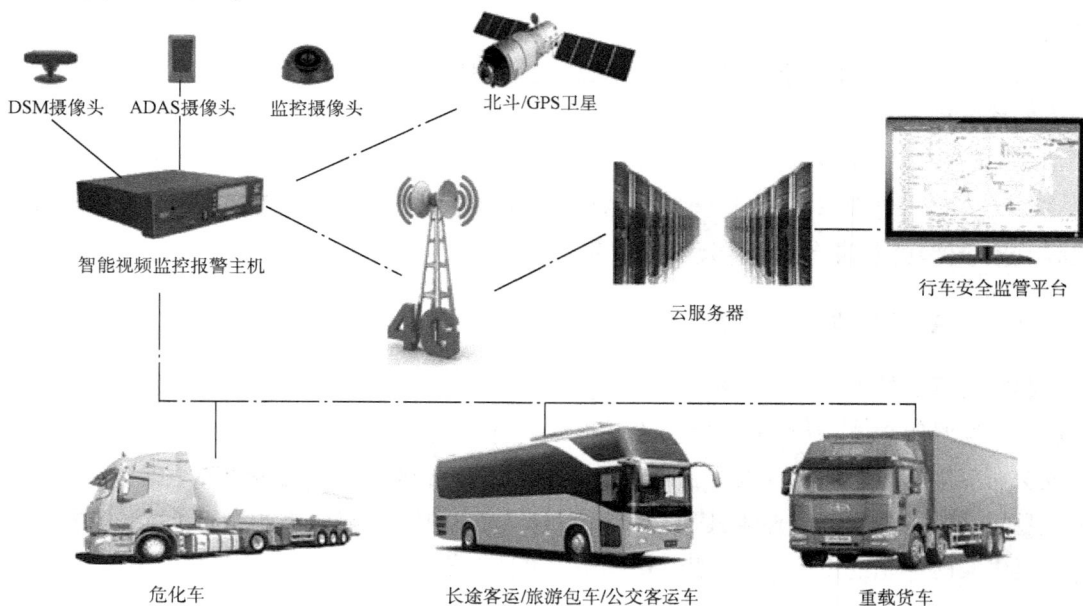

附图1　路优优智能视频监控报警系统示意图

人脸摄像头(也称为 DSM 摄像头)一般安装于驾驶员侧前方的驾驶台上,拍摄驾驶人员脸部情况。用于实时分析拍摄的驾驶人员脸部表情和手的动作,对吸烟、闭眼、打哈欠、分神驾驶(左顾右盼)、打电话等情况进行声音报警提示,并截图或小视频上传到管理平台。

车道摄像头(也称为 ADAS 摄像头)一般安装于车内,贴在前挡风玻璃上,拍摄路面情况。用于实时分析拍摄的视频,对车道偏离、车距过近、前方碰撞等情况进行声音报警提示,并通过 4G 无线通信向智能视频报警管理平台上传视频截图或小视频,动态监管人员通过管理平台接收和处理。

广角监控摄像头在客运车辆上,一般安装于车厢内,用于拍摄驾驶室、车厢、上下客车门等位置;在货运车辆上,一般安装于驾驶室内顶部(用于监控驾驶室)、车辆左右两侧(防水摄像头,用于左右盲区监控)、车尾(防水摄像头,用作倒车影像)。广角摄像头和车道摄像头的视频数据都保存在主机存储空间内,可供人为调阅查看。

主机一般采取隐藏式安装于驾驶台内部空间。

该套设备必须配合智能视频报警管理平台使用。管理平台一般有轨迹查询、实时视频监控、报警查询和处理等功能。

下面对几种典型的报警类型进行详细描述。

1. 闭眼报警

在车辆行驶中,且驾驶人员眼睛闭合时间达到阈值后,设备发出声音报警,并上传照片和小视频到管理平台。据此原理,驾驶人员打瞌睡、视线下移看手机等都会被设备识别并抓拍(附图2)。

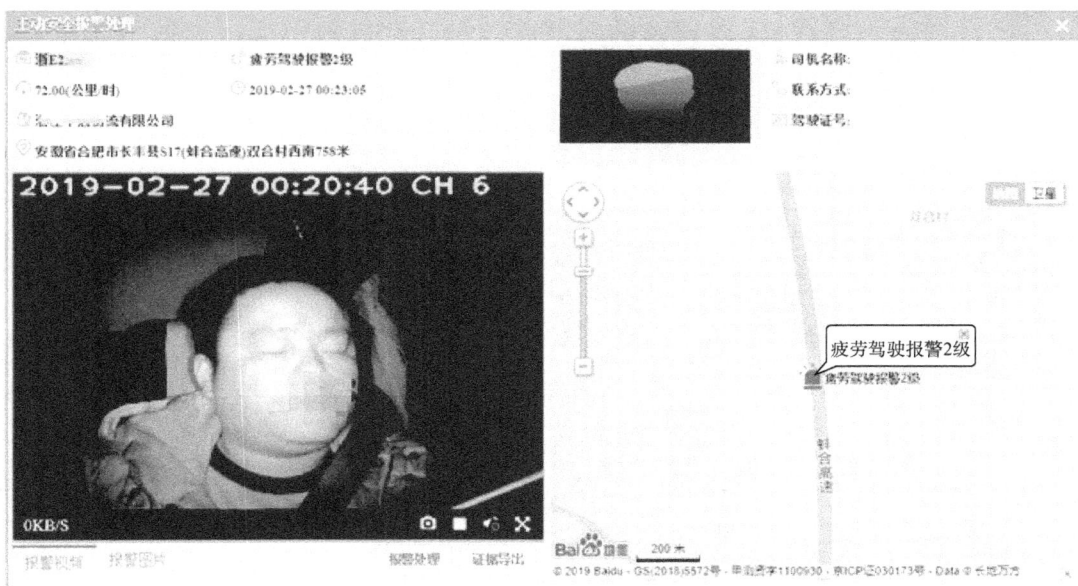

附图 2 闭眼报警

2.打哈欠报警

在车辆行驶中，且驾驶人员打哈欠时，设备发出声音报警，并上传照片和小视频到管理平台（附图3）。

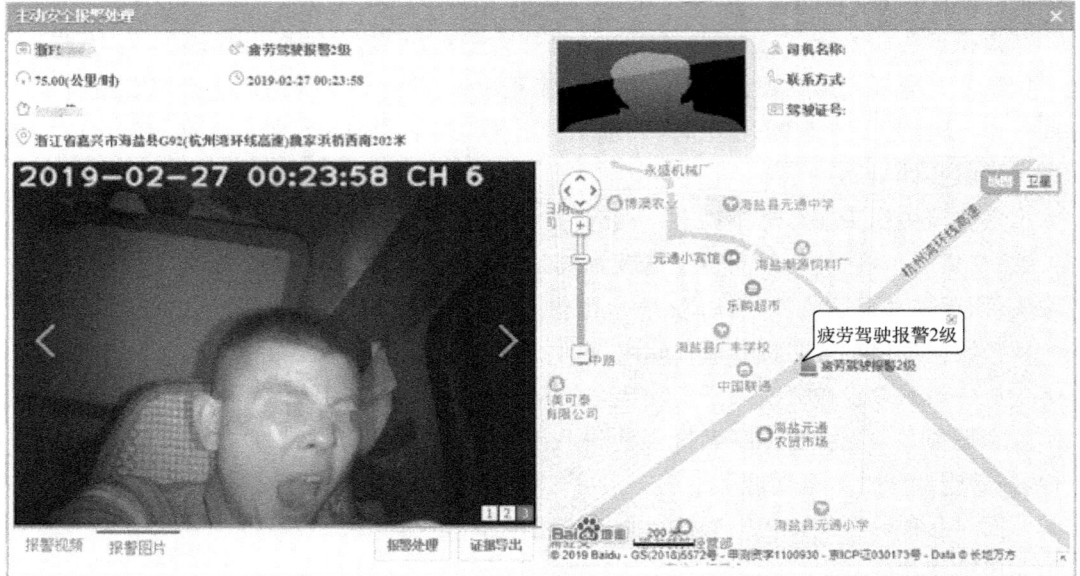

附图3　打哈欠报警

3.吸烟报警

在车辆行驶中，且驾驶人员抽烟时，设备发出声音报警，并上传照片和小视频到管理平台（附图4）。

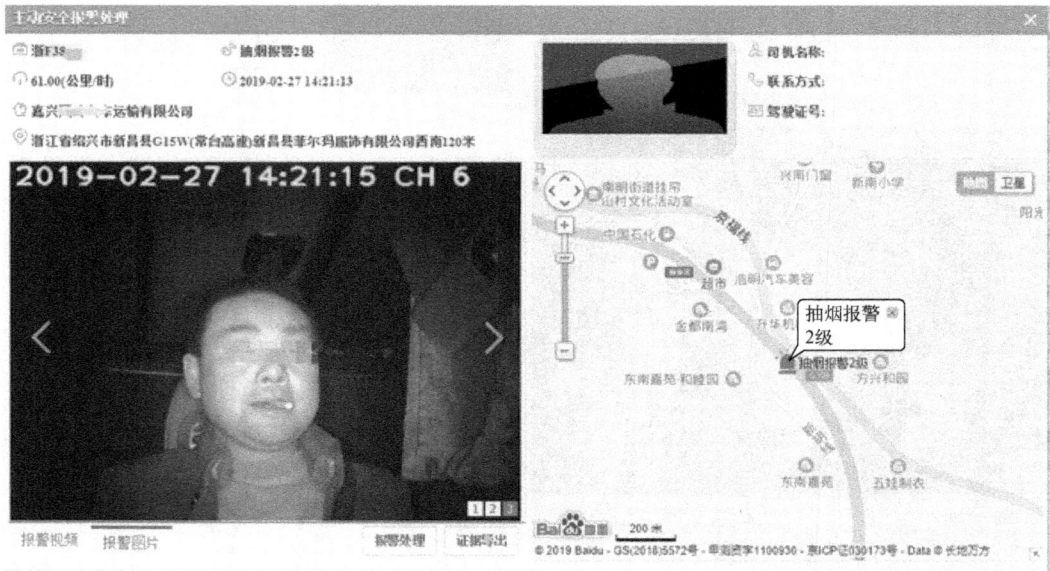

附图4　吸烟报警

4. 打电话报警

在车辆行驶中,且驾驶人员手持接打电话时,设备发出声音报警,并上传照片和小视频到管理平台(附图5)。

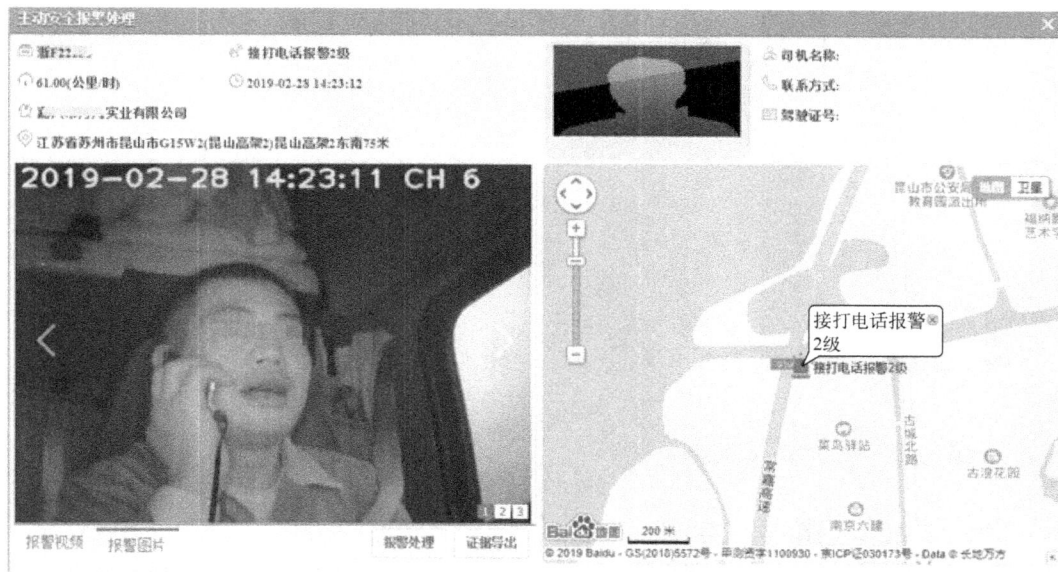

附图5　打电话报警

5. 前向碰撞报警

在车辆行驶中,设备根据行驶速度和前车距离,计算出"碰撞时间",达到阈值时设备发出声音报警,并上传照片和小视频到管理平台(附图6)。

附图6　前后碰撞报警

和前车的距离达到预警值时(根据车速动态计算),设备开始报警并录制视频。在平台上可以调阅详细情况。

6.车道偏离报警

在车辆行驶中,设备根据路面车道标线计算出车辆压线行驶且没有打转向灯时,设备发出声音报警,并上传照片和小视频到管理平台(附图7)。

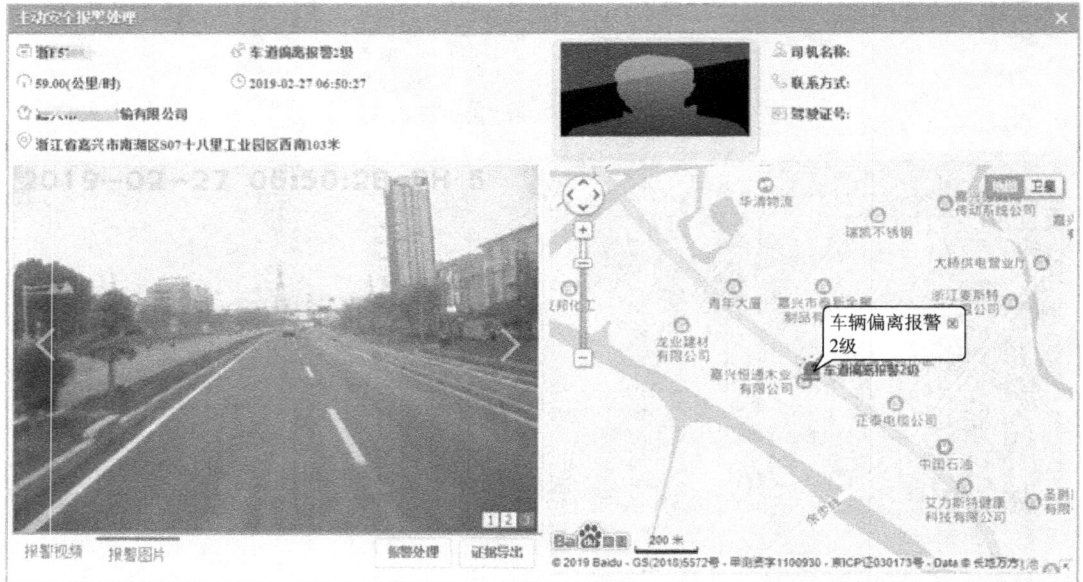

附图7　车道偏离报警

随着信息化的发展,通过技术手段加强对驾驶员和车辆的预警预控,是有效减少事故发生的重要手段之一。危险货物运输车辆安装智能视频监控报警终端,可以对危险驾驶行为及时预警和提示,符合中共中央国务院、交通运输部的明确要求,有利于提升道路运输安全生产水平的现实需求,更是强化行业安全监管的重要手段。专业车辆预警与提示技术的发展,将推动汽车的智能化、信息化,也对无人驾驶技术起到促进作用,从而让人们的行车生活处于安全、舒适、快捷之中。